기독교문서선교회 (Christian Literature Center: 약칭 CLC)는 1941년 영국 콜체스터에서 켄 아담스에 의해 시작되었으며 국제 본부는 미국 필라델피아에 있습니다.
국제 CLC는 59개 나라에서 180개의 본부를 두고, 약 650여 명의 선교사들이 이동 도서차량 40대를 이용하여 문서 보급에 힘쓰고 있으며 이메일 주문을 통해 130여 국으로 책을 공급하고 있습니다. 한국 CLC는 청교도적 복음주의 신학과 신앙 서적을 출판하는 문서선교기관으로서, 한 영혼이라도 구원되길 소망하면서 주님이 오시는 그날까지 최선을 다할 것입니다.

추천사 1

차 정 식 박사
한일장신대학교 신학과 교수

김기대 선교사는 이른바 통전적 하나님 나라 선교의 대표적 모델이 될 만한 분이다. 그는 24년 전 캄보디아의 가난한 따께오 지역으로 들어가 공동체 선교에 열정을 바쳐 헌신적으로 선교지를 개척하며 구원의 복음을 전파하였다.

그런데 그가 복음을 전파하는 방식은 교회를 세우고 강단에서 목사로 설교하는 방식이 아니었다. 그는 일찍이 한국에서 수의학을 공부하여 수의사의 자격증을 따고 수의사 활동을 하였고, 토지공개념에 관심을 기울여 이 세상의 토지 경영을 통해 가난한 민중을 섬기는 방안을 고민하였으며, 사회과학책을 탐독하면서 한국 사회의 부조리와 제반 문제를 분석적으로 통찰하는 탐구의 훈련을 통해 자생적인 전천후 선교사의 길을 준비했다.

이후 김기대 선교사는 지리산 기슭의 민들레공동체에서 가장 가난한 나라 중 하나인 캄보디아로 파송 받아 전천후 선교의 삶을 24년간 이어갔다. 캄보디아는 1975-1979년의 킬링필드 파동으로 200-300만 명의 민중이 끔

찍한 집단 학살을 당하여 수십 년이 지난 시점에서도 그 참혹한 역사의 후유증을 앓아 온 슬픈 비극의 땅이었다.

그의 선교 방식은 마을 단위로 우리나라 선교 역사에 나타난 네비우스의 3자 정신을 계승하여 자립, 자전, 자치의 전략을 적용하였고, 그 마을의 생업, 보건, 위생, 교육 등 공동체 참여를 통해 인간다운 삶에 필수적인 기본 환경을 이루어가는 방식이었다.

그는 십자군의 정신이 아니라 십자가의 정신으로, 개종이 아니라 총체적 변혁의 목표로 불철주야 상황적 공생 사역의 모델을 구축하고자 애썼다. 그 선교적 결실로 마침내 한 공동체와 개인이 신체적, 정신적, 사회적 영적 요소를 포괄하는 전 영역에서 통전적으로 성장하여 가난한 민중이 희망을 키우며 보람 있게 살아가는 하나님 나라의 꿈을 그곳에 심어주었다.

김기대 선교사의 특별히 훌륭한 점은 그가 개방적인 영성으로 다양한 현장 탐방을 통해 매우 성실하게 연구하고 새로운 지식을 습득하여 선교 현장에 접목하는 실험 정신이 뛰어나다는 점이다. 그런 부지런한 열정으로 그는 안식년 기간에 미국의 선교 교육 기관에 유학하여 선교의 최첨단 도구인 생태적 적정 기술의 중요함을 깨달았고, 심지어 불교공동체인 태국의 시사아속공동체를 탐방하여 지속 가능한 신앙공동체의 힘과 구체적인 일상의 삶을 동반하는 혁신적 선교의 길을 모색하였다.

그런 꾸준한 탐구의 여정 끝에 그가 발견한 것이 바로 기후 생태계의 위기상황에 민감하게 응하는 생태 선교의 모델이다. 지구 평균 기온이 1.6도 상승하면 매15분마다 1종의 생물이 사라지고 향후 10년 안에 이 땅의 100만여 종 동물이 멸종하게 될 대재난의 종말론적 상황에 눈을 뜨기 시작한 것이다. 그리하여 '헝거 팬데믹', '재난 유토피아'의 상황 속에서 지구촌 기후 온난화와 생태 위기의 절박한 국면을 고민할 수밖에 없었다.

이 책은 그 모든 상황이 사람들의 생활 전반에 엄청난 영향을 끼친다는 사실을 주목하면서 당면한 재난 현장 속에서 '섬광 같은 내려놓음'을 실천할 기후 생태 전문 선교사의 필요성을 역설한다.

　이와 같은 꾸준한 연구와 실험, 탐구와 실천을 통해 24년간 산고의 고통 가운데 탄생한 것이 바로 지속 가능한 농업과 공동체 개발 기관인 ISAC(Institute for Sustainable Agriculture & Community Development) 학교이고 보건 선교 전략을 일컫는 CHE(Community Health Evangelism) 사역이다. 이로써 그는 생태 기술을 직접 태양열 발전기에 접목하여 적정 기술을 공동체 선교 현장에 실험적으로 안착시켰고, 지속적인 교육으로 길러낸 현지의 젊은이들을 공동체의 여러 영역에 지도자로 세웠다.

　또 산업 선교 현장에서는 양돈, 양어, 양계, 원예, 유기농업의 생산 활동을 통해 경제적 기반을 구축하였고, 특히 양돈 사업을 통해 무항생제 돈육과 햄, 소시지 가공을 유통하는 이삭미트의 판매망까지 확보하는 등 구체적인 선교의 열매로 인근 지역민을 선교공동체의 가족으로 포용할 수 있었다. 게다가 김기대 선교사님은 한국의 지자체 경기도와 코이카, 각종 지역 교회 등과의 지속적인 연대 속에 후원을 받아 열악한 캄보디아 민중을 섬기는 데 두루 유익한 것을 제공하는 동시에 교회 개척과 공동체 예배, 영적인 훈련을 겸하는 등 포괄적 네트워크 사역에도 힘써온 결과 보람찬 성과를 거두었다.

　이 책의 훌륭한 점은 기후 생태 선교라는 결론을 도출하기까지 폭넓은 학습과 이론적 분석, 공동체 현장 탐방의 경험을 통한 이란 배경에 자신의 몸을 거룩한 산 제물로 주께 드리는 선교적 헌신의 긴 세월이 성육신적 삶의 체험으로 스며들어 있다는 것이다.

나아가 이 책이 제시하는 선교 방향과 전략, 관심의 초점과 영적인 통찰이 21세기 선교가 지향해야 할 가장 선진적이고 창조적인 엑기스를 담아내고 있다는 점도 특기할 만하다.

아울러, 헌신한 한 사람의 성육신적 삶이 선교와 목회 현장에서 늘 부대끼는 갈등, 이를테면 이 세상을 넘어서는 종말론적 비전과 만물을 새롭게 하는 창조 보전의 상충하는 두 논리를 하나의 신학적 용광로 속에 녹여내고 있다는 점도 주목해야 할 것이다.

캄보디아에서, 또 한국에서 틈틈이 만나 대화한 김기대 선교사는 열대의 땅에서 뒹굴며 살아온 세월의 이력만큼 새까맣게 그을린 얼굴로 캄보디아 사람을 많이 닮아가고 있었다. 오늘날 복음의 최전선을 개척하면서 여러 신산한 일들로 좌절하고 기뻐하며 고민하고 간구하는 선교사들과 그 배후에서 원조하며 협력하는 교회의 목회자들, 선교에 관심을 품고 열심히 중보기도 하는 모든 그리스도인이 이 책을 읽고 각자의 공생애와 선교적 소명에 대해 깊이 숙고하며 깨닫는 기회가 되길 바란다. 그리하여 우리의 선교가 왜 순전한 삶이 되고, 우리의 모든 삶이 즉각 선교로 성육화 되어야 하는지 각성하여 점점 더 태만해지고 무기력해지는 한국 교회가 선교적 교회로 거듭나길 바란다. 그때 당면한 위기상황도 담대하게 돌파하는 창조적인 비전을 피워 올릴 수 있을 것이다.

추천사 2

김 정 명 목사
여수 은현교회 원로목사

　가난한 사람의 한 끼를 위해 물고기를 구입해 나눠주는 선교사가 있지만, 평생 먹고살 수 있도록 물고기 잡는 방법을 가르치는 선교사도 있다. 빈곤 문제는 단순히 한 개인만의 문제가 아니라 사회를 뛰어넘어 전 지구적 문제인 것을 인식해야 한다.
　그러나 이것만으로는 부족하다. 빈곤은 영적인 문제이며 세계관의 문제임을 인식할 때 빈곤 해결을 위한 온전한 대안을 만들 수 있다. 이런 인식을 제대로 하고 있었던 김기대 선교사가 『선교로 묻고 삶으로 답하다』라는 책을 출간했다.
　자신의 사역을 점검하기 원하는 선교사와 선교사의 삶을 준비하며 기도하고 있는 예비 선교사와 지속 가능한 선교가 무엇인지를 고민하며 찾고 있는 한국 교회와 온전한 선교적 삶이 무엇인지를 고민하며 대안을 찾고 있는 성도에게 이 책을 적극적으로 추천한다.

이 책을 추천하는 이유는 그가 가진 통합적인 세계관 때문이다. 그는 학부에서는 자연 과학을 공부한 수의사이기도 하고, 대학원에서는 지방자치학과 지역사회개발을 전공하면서 빈곤 문제를 사회과학적 견해로 접근할 수 있는 세계관을 갖추었고, 자신의 사역을 정리하고자 선교학 박사 논문을 쓴 학자적 면모를 갖춘 선교사다. 그뿐만 아니라, 실천적 NGO 운동과 무소유 공동체적 영성을 추구하는 균형 잡힌 선교사다.

다시 한번 그가 쓴 『선교로 묻고 삶으로 답하다』라는 책을 적극 추천한다.

추천사 3

김 인 수 박사
민들레공동체 대표

한 사람이 자신의 가치관대로 살고 그것을 발전시켜 나간다는 것은 진귀한 일이다. 세상 어디에서도 찾기 힘든 보석을 발견한 기쁨일 것이다.

김기대 선교사의 지난 24년간의 캄보디아에서의 선교의 삶이 그러하다. 그는 선교사로서 하나님의 뜻을 따르고 있는지 두려울 때마다 자신의 내면 세계와 세계관을 점검했다고 한다. 세계관에서 출발하여 공동체로 끝나는 긴 여행 안내서를 쓴 느낌이라는 그의 고백이 그러하다.

캄보디아의 가장 가난한 농촌 마을의 가난과 좌절을 피하지 않고 하나님 나라의 희망을 붙들고 애쓴 세월의 결과가 책자로 나왔다. 마을의 이장을 만들어 마을을 변화시켜 보겠다는 그의 시작은 이제 생태, 교육, 경제가 어우러진 선교공동체로서 조화롭고 통합된 현장을 만든 셈이다.

그는 한 마을이 가난을 어떻게 극복하는지 경험했고, 한 인간이 어떻게 변화되고 헌신하는지 알고 있으며 지구적 차원의 문제인 기후 생태적 곤경에 빠진 우리에게 그나마 지속 가능한 삶의 공동체를 어떻게 만들 수 있는

지 삶으로 실험했다.

　김기대 선교사가 20대 초반 대학생 시절부터 50대 중반이 된 지금까지 어떻게 생각하고 어떻게 일해 왔는지 지켜보고 함께한 나로서는 김 선교사의 24년 세월을 이끌어 오신 하나님께 감사를 드릴 뿐이다.

　길을 잃었다고들 하는 한국 교회와 곤경에 빠진 선교 현장에 작지만 뚜렷한 빛이 되리라 믿는다.

추천사 4

이 혁 진 (사)부산의료선교회 선교본부장
세계로병원 유방갑상선외과 과장

    2005년 9월 캄보디아 땅에 첫발을 디뎠던 메디컬 캠프에서의 운명적 만남 이후, 김기대 선교사는 하나님 나라 선교의 동역자이자 지음(知音) 친구로 고락을 함께 해왔다.
    이 책은 20년을 옆에서 보아왔고 같이 걸어왔던 사랑하는 친구의 삶의 궤적이 고스란히 담긴 이야기다.
    하나님 나라의 관점으로 선교를 바라보기 시작하면서 겪게 된 전복적인 세계관의 변화, 밤새도록 함께 이야기 나누며 가슴 벅차 올랐던 킹덤 비즈니스의 꿈은 공동체와 그들의 온몸으로 치열하게 살아낸 일상, 바로 그 땅과 영역에 심겨 싹이 나고 무럭무럭 자라서 지금도 많은 열매를 맺고 있다.
    '선교가 무엇이냐?'라고 물으시는 하나님의 질문에 삶으로 써 내려간 이 이야기가 하나님의 창조 세계야 어찌 되든 말든, 죽어서 가는 저 천국에서 한 치도 벗어나지 못하는 협량한 선교 마인드와 각자에게 맡기신 작은 영역과 이웃에게 하나님 나라가 몸을 입은 실재(實在), 먹여 살리는 밥과 빵과 물이 되지 못하는 뜬구름 잡는 거대 담론을 동시에 내리쳐 우리 모두를 예외 없이 이 질문 앞에 세우고 삶으로 답하게 하는 죽비가 되길 간절히 바란다.

선교로 묻고 삶으로 답하다
기후 위기 시대, 지속 가능성과 공동체 선교로 길을 묻다

Questioning with Mission, Answering with Life :
Sustainable community mission in the age of climate crisis
Written by GI-DAE KIM
All rights reserved.
Korean Edition Copyright © 2024 by Christian Literature Center, Seoul, Korea.

선교로 묻고 삶으로 답하다
기후 위기 시대, 지속 가능성과 공동체 선교로 길을 묻다

2024년 06월 15일 초판 발행
2025년 12월 20일 초판 2쇄 발행

지 은 이	|	김기대
편 집	|	이신영
디 자 인	|	이보래
펴 낸 곳	|	(사)기독교문서선교회
등 록	|	제16-25호(1980.1.18.)
주 소	|	서울특별시 동대문구 천호대로71길 39
전 화	|	02-586-8761~3(본사) 031-942-8761(영업부)
팩 스	|	02-523-0131(본사) 031-942-8763(영업부)
이 메 일	|	clckor@gmail.com
홈페이지	|	www.clcbook.com
송금계좌	|	기업은행 073-000308-04-020 (사)기독교문서선교회
일련번호	|	2024-69

ISBN 978-89-341-2656-0(03230)

이 한국어판 출판권은 (사)기독교문서선교회가 소유합니다.
신저작권법에 의하여 한국 내에서 보호를 받는 저작물이므로 무단 전재와 무단 복제를 금합니다.

기후 위기 시대, 지속 가능성과 공동체 선교로 길을 묻다

선교로 묻고

삶으로 답하다

김기대 지음

CLC

목차

추천사

추천사 1 차정식 박사 | 한일장신대학교 신학과 교수 1
추천사 2 김정명 목사 | 여수 은현교회 원로목사 5
추천사 3 김인수 박사 | 민들레공동체 대표 7
추천사 4 이혁진 (사)부산의료선교회 선교본부장 | 세계로병원 유방갑상선외과 과장 9

프롤로그 19

| 제1장 | 신음하는 창조 세계를 구원하라

1. 기후 위기에 응답하는 선교 23
  1) 거주 불능 지구에 대한 우리의 책임 23
  2) 바이러스도 하나님의 창조물 26
  3) 헝거 팬데믹 30
  4) 새로운 패러다임으로 전환할 기회 34
  5) 생태로 옷 입히기 37
  6) 기후, 생태 전문 선교사 39
  7) ESG 선교 42

2. 건강한 세계관, 건강한 삶 45
  1) 생각이 행동을 낳는다 45
  2) 순례길에서 만난 E^3MC 48

3) 정의롭고 구속된 우주   52
4) 선교적 교회   55
5) 21세기에 선택 받는 종교   57
6) 개종이 아니라 변혁   59
7) 상황적 공생 사역 모델   62
8) 노하우가 아니라 노와이   66

3. 선교는 멈추지 않는다   68

1) 지속 가능한 선교   68
2) 팩트풀니스   70
3) 지속가능발전목표(SDGs)   75
4) 통계를 알면 선교가 보인다   80
5) 지역사회보건선교전략   84

| 제2장 | 공동체적 통합 선교

1. 생태적 경제공동체   91

1) 선교지에서 생태적 경제로 살아가기   91
2) 생태적 네트워크   95
3) 희년의 실천이 빈곤과 사회적 불평등을 해소한다   97
4) 경제적 자유 얻기   100

2. 생태적으로 자립하는 공동체   102

1) 생태학=공동체학   102
2) 생태적 농업공동체   106
3) 태국 시사아속생태공동체   109
4) 적정 기술   113
5) 이삭유정란   116
6) 자연 농업 양돈과 이삭미트   119
7) 이삭유기농채소   123

3. 교육공동체   126

1) 학교, 배운 것을 실천하는 공간   126
2) 신뢰의 교육학   128
3) 캄보디아 교육의 현주소   130
4) 무엇이 이들을 그렇게 행동하게 했을까?   132
5) 공부해서 남 주자   135
6) 다가올 미래를 준비하는 교육   136
7) 경쟁 없는 교육   139

4. 공동체학교   141

1) 교육이 공동체의 근본   141
2) 다음 세대를 준비하는 꿈과미래학교   145
3) 21세기 미래 사회 핵심 역량   147

| 제3장 | 선교공동체와 미래

1. 공동체의 선교 152

1) 공동체 멘토링 152
2) 형제를 통한 하나님의 인정 154
3) 공동체가 하는 선교 156
4) 공동체가 되는 선교 160
5) 사시나무에서 공동체를 배운다 162
6) 아포토시스 164
7) 자립, 자전, 자치, 자신학의 공동체 168

2. 하나님 나라 품앗이 172

1) 어떻게 살 것인가? 172
2) 부모의 마음 176
3) 네가 내 일을 하니 178
4) 꿈꾸는 자 180
5) 너의 소원이 무엇이냐? 186
6) MK로 살아간다는 것 190
7) 양 날개 선교 197

에필로그 204

생각과 신념을 따라 사는 것도 어렵지만
살아온 삶을 반추하고 글로 정리하기는 더 어렵다.
그러나 이 모든 것을 가능할 수 있도록 어린 시절부터 함께 길을 걸어준
고마운 벗이자 아내인 소현에게 이 책을 헌정한다.

프롤로그

<레드 씨 다이빙 리조트>(The red sea diving resort)라는 실화를 바탕으로 한 영화를 본 적이 있었다. 에티오피아에는 지금도 유대교를 믿는 부족이 있다. 그들을 '팔라샤'라고 부른다. 팔라샤는 자신들의 뿌리가 솔로몬과 시바 여왕 때부터라고 믿는다. 이 영화는 난민이 된 팔라샤를 이스라엘로 탈출시키는 이야기다.

이들의 탈출을 돕는 이스라엘 정보 요원의 이름은 아리다. 탈출을 돕는 현지인 책임자 이름은 카베데. 위험한 탈출 계획을 앞두고 현지인 책임자 카베데는 탈출 임무(mission)를 수행하기 어려울 정도로 크게 다쳤다. 아리는 현지 책임자 카베데에게 우선 이스라엘로 철수했다가 회복이 된 후에 다시 임무(mission)를 재개하자고 제안하지만, 카베데는 거절하며 아리에게 이렇게 말한다.

"난 이스라엘로 돌아갈 수 없다. 이것은 나에게 임무(Mission)가 아니라 삶(Life)이다."

카베데의 표현을 선교에 적용하면 이렇게 말할 수 있을 것이다.

선교(Mission)는 임무(Mission)가 아니라 삶(Life)이다.

선교는 특별한 목적을 이루기 위해 뭔가를 행하는 것이 아니라, 자연스럽게 일상의 삶을 살아가는 것이다. 내가 진행하는 선교와 관련된 시간과 사역도 중요하지만, 선교와 관련 없어 보이는 더 많은 일상의 삶이 우리의 선교지다. 일요일 하루, 한 시간을 구별하여 주의 날이라 부르며 예배 드리는 것만으로 주일을 거룩하게 지킨 것이라 말할 수 없다.

우리가 지켜야 할 주의 날은 월요일부터 일요일까지 모든 날이어야 하며, 하루하루 일상의 삶 속에서 먹고, 일하고, 소비하고, 사고하고, 관계 맺고 살아가는 모든 것이 예배가 되어야 한다.

너무 피곤해 보이는가?

아니다. 오히려 이렇게 살지 않는 것이 이상하고 피곤한 것이다. 내가 가진 세계관이 진리에 기초한 성경적 세계관이라면, 선교(Mission)는 임무(Mission)가 아니라 자연스러운 일상의 삶(Life)이 될 수밖에 없다.

행동(Action)은 가치관에서 나오고, 가치관은 신념들(beliefs)에서 나오고, 신념은 내면 기저에 깊이 뿌리 내린 세계관의 영향을 받는다. 그렇다면, 우리의 선교지는 단순히 물리적 현장만이 아니라 가치관, 생각하는 방식, 내면 깊숙이 뿌리 내린 세계관까지 우리의 선교지라 할 수 있다.

어쩌면 눈에 보이는 물리적 선교 현장보다 눈에 보이지 않는 선교 영역이 훨씬 더 중요하다. 왜냐하면, 결국 눈에 보이지 않는 세계관이 물리적인 결과를 낳기 때문이다. 그래서 우리는 사역을 시작하기에 앞서 자신이 가진 세계관을 점검하는 것이 필요하다.

이와 관련해 혹자는 이렇게 말할 것이다.

"내가 예수님을 얼마나 오래 믿었는데!"
"내가 정규 신학 교육을 받고 목사가 되었는데!"

"내가 선교지에서 선교사로 사역한 지가 몇 년인데!"

우리가 하는 모든 사역과 행동은 세계관의 영향을 받는다. 목사와 선교사이기 때문에 그의 목회와 선교 사역이 성경적인 것은 아니다. 목사나 선교사라 할지라도, 세속적 세계관에 영향을 받고 있으면 그의 사역은 세속적인 것이 된다. 물질주의에 물들면 돈이 중심이 되는 사역이 되는 것이고, 균형을 잃은 은사주의의 영향을 받으면 일상의 삶과는 균형이 깨진 은사 중심의 사역이 되는 것이다.

그런 의미에서 우리는 세계관적 멘토링을 받아야 한다. 내가 지금 무엇을 하고 있으며, 또 무엇을 위해 하고 있는지, 이 일의 동기와 목적이 무엇이며, 과연 그것이 최선인지, 그것을 통하여 얻고자 하는 결과가 무엇인지에 관한 본질적이고 철학적인 질문으로 멘토링을 받아야 한다.

하지만, 아쉽게도 우리 주위엔 이런 멘토링을 해 줄 수 있는 사람이나 단체가 별로 없다. 몸과 정신이 아프면 전문가에게 상담을 받아야 하듯, 사역자의 세계관과 영성도 성숙하고 균형 잡힌 멘토로부터 점검 받아야 한다.

사역과 삶과 세계관과 영성을 멘토링 받는 가장 좋은 방법은 성숙하고 건강한 세계관을 가진 사람과 함께 시간을 보내는 것이다. 그러면 자연스럽게 상대의 삶이 자기 삶에 투영되어 부족함을 깨닫게 되고 문제를 발견하게 된다.

멘토링을 받는 또 하나의 방법은 좋은 책을 만나는 것이다. 좋은 책은 우리의 행동을 바꾸고 미래를 바꾼다. 나의 경우에는, 비록 캄보디아라고 하는 시공간적이고 재정적인 한계가 있었지만, 레이더를 켜고 스스로 내게 필요한 책을 꾸준히 찾았다. 때로는 좋은 분들이 책을 찾아서 내게 보내 주기도 했다.

그렇다. 책은 시공간을 뛰어넘는 멘토다. 한 권의 책이 사람의 전인격을 변화시키고, 그의 사역을 변화시킨다.

선교(Mission)는 임무가 아니라 삶인 것처럼, 이 책이 독자들의 일상의 삶을 미션이 되게 하고 또한 미션을 일상의 삶이 되게 하는, 그런 소풍 길의 좋은 벗이 될 수 있기를 진심으로 바란다.

제1장

신음하는 창조 세계를 구원하라

1. 기후 위기에 응답하는 선교

1) 거주 불능 지구에 대한 우리의 책임

오늘날 지구라고 하는 집(oikos)에 커다란 문제가 생겼다. 인간에겐 지구가 생태적, 경제적으로 아름다운 하모니를 이루도록 잘 개발하고 관리해야 할 책임이 있는데, 그러기는커녕 인간의 이기심과 탐욕으로 인해 지구의 생태와 경제적인 균형이 깨졌다. 경제 중심으로 지구를 개발하는 데만 집중한 결과 오늘의 큰 위기를 맞게 되었다. 그 위기는 다름 아닌 기후 변화다. 기후 변화는 사막화나 식량 위기 등 각종 자연재해를 초래하고 있다.

데이비드 월리스 웰즈(David Wallace Wells)는 『2050 거주 불능 지구』(추수밭, 2020)에서 최신 연구 자료와 통계적 근거를 바탕으로 기후 변화의 미래 시나리오를 제시한다.

이 책을 읽는 내내 인류 종말의 묵시록을 읽는 기분이었다. 이 책은 기후 재난의 결과로 나타날 살인적인 폭염과 빈곤 및 굶주림, 해수면이 상승함에 따라 사라질 도시와 나라들, 산불과 폭우, 가뭄, 해양 무산소화로 지구상에서 약 1,000배의 증가 속도로 사라지는 생물종들, 개인 간에 발생하는 분노와 폭력, 비인간적인 생활 조건 등이 '일상'이 되는 순간을 예견하고 있다.

2019년 9월에 시작되어 약 6개월간 진행된 호주 산불로 남한 면적보다 넓은 땅이 암흑 지대로 변했다. 이 산불로 캥거루, 코알라 등 4억 8,000만 마리 이상의 포유류와 조류, 파충류가 사라졌다고 한다. 미국 캘리포니아에서는 한 해 7,000여 건의 산불이 발생하고 있는데, 2020년 초에 미국 캘리포니아에서 일어난 산불로 인해 불탄 면적이 남한 면적의 절반 규모라고 한다. 심지어 북극권인 스웨덴에서조차 산불이 발생하고 있다. 이 모든 일은 재난 영화의 시나리오가 아니라 2019년과 2020년에 실제 일어난 일이다.

데이비드 윌리스는 세상은 한정된 자원을 두고 제로섬(zero-sum) 경쟁을 벌이는 전쟁터와 같다고 한다. 누군가가 더 가지면, 누군가는 반드시 덜 가지게 된다. 그런데 이 전쟁터에서 사람들은 저마다 자신이 운 좋은 승자가 될 것이라 믿고 있는 것 같다. 아니면 현재의 생계를 염려하는 것만으로도 너무 버거워 미래에 대해서는 염려할 엄두도 못 내는 것일 수 있다.[1]

그러나 우리가 분명히 알아야 할 것이 있다. 우리는 미래에 우리의 자녀와 손자들이 먹고 마시고 누려야 할 것들을 무분별하게 탕진하면서 조금의 죄책감도 느끼지 않고 있다는 것이다.

기후 위기는 인간을 포함한 모든 생태계의 위기일 뿐만 아니라, 우리 사회의 정치와 문화, 종교, 경제, 특히 신자유주의 경제 시스템의 위기이기도 하다. 언젠가 이삭공동체 농업팀 모임에서 자연스럽게 기후 위기에 관한

---

[1] 데이비드 월리스 웰즈(David Wallace Wells), 『2050 거주 불능 지구』(서울: 추수밭 2020), 27.

대화를 나눈 적이 있다. 어려운 주제였지만 코로나19 팬데믹으로 말미암아 쉽게 이해할 수 있는 현실을 마주하고 있었다.

2020년 캄보디아에서는 코로나19의 영향으로 약 180개 이상의 봉제공장이 문을 닫으면서 10만 명 이상의 사람들이 일자리를 잃었다. 2021년에는 148개의 공장이 문을 닫았다. 공장이 없던 불과 몇 년 전까지만 해도 사람들은 취업과 실직, 대출 같은 단어들을 알지 못했다. 그전까지는 비록 가난했지만 그래도 그럭저럭 살아왔다.

그런데 공장이 들어서면서 취직하고 일하면서 돈을 벌게 되었다. 매달 월급이 들어오고 또 은행으로부터 융자도 쉽게 받을 수 있었기 때문에 저마다 집도 고치고, 출퇴근용 오토바이도 사고, 스마트폰도 구매했다. 그러다가 코로나19 팬데믹으로 사람들은 금융 자본주의의 쓴맛을 톡톡히 보게 되었다. 공장마다 문을 닫으니 실직하게 되고, 월급을 받지 못하니 빌린 돈을 갚을 수 없게 되고, 돈을 빌리기 위해 저당 잡힌 농지가 은행으로 넘어가면서 무농지 농민들이 늘어나게 되었다.

이후로 캄보디아 사람들은 자연스럽게 깨닫기 시작했다. 열심히 일을 하고 안 하고 와는 상관없이, 세계화된 경제 질서의 포로가 된 그들로서는 작은 코로나19 바이러스 하나 때문에 갑작스럽게 실직하고 농지도 잃고 삶의 터전도 잃을 수 있다는 것을 알게 된 것이다. 정상적인 삶 가운데서 이것을 깨달으려면 꽤 오랜 시간이 필요했을 텐데, 캄보디아 사람들은 팬데믹 이후 2개월 만에 이것을 깨닫게 되었다.

이로써 40년 걸쳐 신자유주의 경제 체제가 이룩해 온 지구화, 도시화, 금융화가 생태적 위기로 말미암아 붕괴하고 있음을 이삭공동체 농업팀들도 어렵지 않게 이해하게 되었다.

그러면 이렇게 직면한 참담한 현실과 미래에서 그리스도인의 역할은 무엇일까?

만일, 교회와 그리스도인이 이런 기후 위기의 해결을 위해 당장 고민하고 행동하지 않는다면, 그것은 하나님 앞에서 범죄가 된다. 왜냐하면, 지금 우리가 당장 살겠다고 다음 세대를 죽음으로 몰고 가는 것은 살인 행위와 다름없기 때문이다.

기후 위기는 우리 스스로가 변하지 않는 이상 절대 멈추지 않을 것이다. 그리고 가까운 미래에 우리는 그 어떤 전쟁보다도 처참하고 혹독한 결과를, 아무 잘못도 하지 않은 다음 세대에 전가하게 될 것이다. 다음 세대를 위해 지금 당장 결단하고 행동해야 한다.

2) 바이러스도 하나님의 창조물

근대 산업화 문명이 시작되면서 인류는 생태를 고려한 조화로운 발전과 개발이 아니라 경제에 최우선 가치를 둔 무분별한 개발을 해 왔다. 시장이 모든 것을 해결할 수 있다고 믿으며 극단적인 시장경제를 지향해 왔다.

하지만, 이런 믿음은 2020년에 발발한 코로나19 팬데믹을 통해 삽시간에 무너졌다. 코로나19 팬데믹으로 전 세계의 경제가 일거에 휘청이는 경험을 했기 때문이다. 사람들은 바이러스 하나가 바벨탑과 같은 거대한 세계 경제 시스템을 순식간에 멈춰 버릴 힘이 있음을 깨닫게 되었다.

많은 사람이 대체 코로나19 바이러스가 어떤 놈이기에 이토록 온 세상을 어지럽히는 것인지 궁금해했다. 특히, 과학자들이 코로나19 바이러스의 정체를 파악하는 데 집중했다. 그래야 백신을 만들 수 있었기 때문이다. 나도 수의대에 다니던 시절 수의바이러스학과 전염병학 수업 시간에 코로나바이러스에 관해 배운 기억이 있다. 동물들의 장과 호흡기에 다양한 질병을 일으키는 바이러스였던 것으로 기억한다.

그러나 말씀을 묵상하면서 조금 다른 차원에서 여러 가지 질문이 생겨났다.

> 창세로부터 그의 보이지 아니하는 것들 곧 그의 영원하신 능력과 신성이 그가 만드신 만물에 분명히 보여 알려졌나니 그러므로 그들이 핑계하지 못할지니라 (롬 1:20).

과연 하나님께서 이런 바이러스도 창조하셨을까?
창조하셨다면 어떤 목적으로 창조하셨을까?
코로나19 바이러스에 감춰진 하나님의 영원한 능력과 신성은 무엇일까?
코로나19 팬데믹을 통해 우리에게 주고자 하신 메시지는 무엇일까?

코로나바이러스에도 하나님께서 주신 역할과 임무가 있지 않았을까 하는 생각이 든 것이다. 하나님께서 아무런 이유 없이 존재케 하신 것은 없을 테니 말이다. 이런 질문들에 답하기 위해서 나는 코로나19 바이러스에 관하여 여기저기서 쏟아져 나오는 정보를 모으기 시작했지만 뚜렷한 답을 얻기는 쉽지 않았다. 환경의생물학 분야에서 기생충을 연구하는 대학교수인 조카에게 연락해 보기도 했다.

나는 그에게 물었다.

"바이러스도 하나님께서 만드신 것이겠냐?"

그러자 그는 이렇게 대답했다.

"우주 속에 있는 모든 것이 하나님께서 만드신 것이 아니겠어요?"

이에 나는 다시 질문했다.

"그러면 코로나19 바이러스도 하나님께서 만드신 목적이 있을까?"

그러자 그는 "네, 있을 겁니다"라고 대답했다.

그가 "있습니다"라고 확실하게 대답했다면 "그게 무엇이냐?"라고 물었겠지만, "있을 겁니다"라고 대답하기에 더이상은 묻지 않았다.

스스로 자료들을 뒤지며 공부하는 가운데 많은 것을 배울 수 있었다. 가령, 토양 1그램에도 100만 종류의 미생물이 10억 마리 정도 살고 있고, 바닷물 1밀리리터에 약 2억 5천만 개의 바이러스가 살고 있다는 것을 알았다.

바이러스는 생존과 번식을 위해 생물의 세포 속으로 들어가 결국 세포를 파괴하지만, 그렇다고 바이러스 자체가 무조건 나쁘거나 박멸해야 할 대상은 아니었다. 왜냐하면, 바이러스 또한 생태계 안에서 본래의 기능과 역할이 있기 때문이다. 가령, 해양 생태계에 존재하는 박테리아의 20-30퍼센트가 바이러스 때문에 매일 사멸한다. 그렇게 사멸되고 분해된 박테리아는 지구상에 필요한 아미노산과 탄소, 질소 등의 유기물질을 만든다. 그뿐만 아니라 박테리아의 지나친 증식을 막음으로써 지구 생태계의 균형을 유지하는 역할도 한다.

이렇듯 이 우주에 무엇 하나 의미 없이 만들어진 피조물은 없다. 하지만, 그렇다 하더라도 바이러스 때문에 우리 인간이 고통을 당하고 있지 않냐고 물을 수 있다.

이것을 다른 측면에서 생각해 볼 필요가 있다. 인간의 탐욕이 자연 생태계를 교란하고 파괴했기 때문에 바이러스가 생존을 위해 인간에게로 침입했다고 할 수 있기 때문이다. 즉, 인간이 당하는 고통은 바이러스가 아니라 탐욕을 부린 우리 인간에게 책임이 있다는 것이다.

영향력 있는 미래학자이며 세계적인 베스트셀러 『엔트로피』, 『노동의 종말』, 『3차 산업혁명』 등의 저자인 제러미 리프킨(Jeremy Rifkin)은 코로나19 팬데믹의 원인을 기후 변화로 단정하고, 그 원인을 다음과 같이 제시한다.

첫째, 물 순환 교란으로 인한 생태계의 붕괴다. 지구가 1도씩 뜨거워질 때마다 대기는 7퍼센트 더 많은 수증기를 빨아들이는데, 이로 말미암아 한쪽에서는 홍수가, 다른 쪽에서는 가뭄과 폭염과 산불이 발생한다.
둘째, 인간이 지구에 남은 마지막 야생의 터를 침범했다는 것이다. 1900년만 해도 인간이 사는 땅은 지구 전체의 14퍼센트에 불과했지만, 지금은 지구 전체의 77퍼센트를 차지한다.
셋째, 야생 생명의 이주다. 인간이 재난을 피해 이주하듯, 동물과 식물, 심지어 바이러스 또한 기후 재난을 피해 탈출하고 있다는 것이다. 바이러스의 경우는 동물의 몸에 올라타 이동하는데, 20세기에 들어 발생한 사스, 메르스, 에볼라, 지카 바이러스와 같은 팬데믹은 모두 이런 이유에서 비롯되었다.

하나님께서는 사람에게 "생육하고 번성하고 충만하고 땅을 정복하며 모든 생물을 다스리라"는 문화명령(cultural mandate)을 주셨다(창 1:28). 하지만, 사람은 탐욕에 눈이 멀어 문화명령을 왜곡했다. 화학 비료와 농약, 제초제 등을 무분별하게 사용하여 토양을 산성화하고, 생물과 미생물의 생태계를 파괴해 왔다. 또한, 공장식 축산에 필요한 사료 작물을 재배하기 위해 생태계의 보고인 아마존을 비롯한 숲과 밀림을 무차별하게 벌목하고 개발해 왔다.

이렇게 인간이 탐욕으로 미생물들의 안전한 서식지를 침범함으로써 박테리아나 바이러스가 마침내 사람을 새로운 숙주로 삼게 되었다. 그리고 강한 외부 공격 항생제나 항바이러스제에 맞서 생존하기 위해 더 강력한 슈퍼 박테리아나 슈퍼 바이러스로 변이했다. 결국, 인간의 탐욕 때문에 인간이 고통을 당하게 된 것이다.

하나님께서 창조하신 대자연을 차분히 관찰하기만 해도 그 안에 깃든 하나님의 능력과 신성을 충분히 볼 수 있다. 그러나 우리는 여전히 생태적 선택이 아니라 탐욕스러운 자본의 논리가 앞선 물신 숭배(mammonism)의 길을 주로 선택하고 있다. 하나님의 나라와 그의 의를 구하기보다는 우리 자신의 왕국과 야망만을 좇고 있다.

그나마 다행인 것은 코로나19 팬데믹을 겪으면서 세계가 기후 위기에 관심을 기울이기 시작했다는 것이다. 그러나 코로나 팬데믹이 엔데믹으로 돌아서자마자 세계는 기후 위기를 깨끗하게 잊은 느낌이다.

3) 헝거 팬데믹

백신도 치료제도 없던 코로나19 팬데믹 초기는 두려움과 혼돈 그 자체였다. 그러나 코로나19 팬데믹보다 더 무서운 것은 헝거(hunger, 굶주림) 팬데믹이다. 바이러스보다 더 무서운 것이 굶주림이기 때문이다. 기아가 전 세계적으로 일어나는 것보다 두려운 일은 없을 것이다.

인도를 비롯한 많은 저개발 국가에서는 코로나19 방역을 위해 국가 간 이동은 물론 지역 간 이동까지 봉쇄했기 때문에, 생존에 필요한 물자를 공급받지 못해 고통을 받고 심지어 기아로 사망하는 사람이 많았다. 하루 벌어 하루 살아가는 사람들이 일하러 갈 수 없으니 집에서 굶주릴 수밖에 없었다.

2020년에 세계식량계획(WFP)이 노벨평화상을 수상했다. 노르웨이 노벨위원회는 노벨평화상 수상자로 세계식량계획을 선정하게 된 것은 그들이 기아 퇴치 사업으로 분쟁 지역에서 평화를 유지하고 코로나19 팬데믹에 대응하기 위해 노력했기 때문이라고 했다. 특히, '식량이 최고의 백신'이라는 찬사를 보냈다. 그들은 코로나19 팬데믹으로 도움이 필요한 사람들과 자주 만날 수 없게 되자, 식량 배급 장소를 늘리고 보급량도 늘리는 등 발 빠른 대응으로 1억 명의 굶주린 사람에게 효과적으로 긴급 식량 보급을 해냈다.

앞에서 언급했듯이 기후 변화가 코로나19 팬데믹의 직접적인 원인이다. 그리고 팬데믹 기간 중 많은 사람이 기아로 내몰렸다. 팬데믹에 따른 기아의 발생은 일시적이고 간접적인 현상이라 할 수 있겠지만, 기후 변화는 직접적인 헝거 팬데믹을 만들 수 있다. 기후 변화로 인한 사막화, 홍수, 기뭄, 메뚜기를 비롯한 곤충의 습격, 생물의 다양성 파괴, 전염병, 농업 환경에 맞는 적절한 온도 상실 등이 헝거 팬데믹을 초래하고 있다.

2010년에 있었던 시리아 난민 사태를 기억할 것이다. 시리아 난민 사태는 정치, 경제, 종교, 사회 문제 등 다양한 요인으로 발생하였지만, 사실 가장 주된 요인은 기후 변화로 인한 식량 부족이었다.

시리아를 비롯한 중동 국가들은 러시아 등으로부터 주식인 밀을 수입하고 있었다. 그런데 당시에 극심한 가뭄과 폭염이 러시아를 덮쳐 모스크바 인근의 들판과 숲이 불에 탔다. 이 화재로 1,139헥타르의 숲이 사라졌고 러시아의 밀농사도 크게 타격을 받았다. 화재로 밀 수확량이 급감하자 러시아는 곡물 수출을 금지했는데, 이로 인해 국제 밀 가격이 폭등하면서 수입 밀을 주식으로 하던 나라들이 큰 어려움을 겪게 되었다.

특히, 시리아에서는 한 달 만에 밀 가격이 60퍼센트 이상 폭등하면서 폭동과 내전이 일어났고, 급기야 이슬람 극단주의 단체 IS(Islamic State)까지 등장하게 되었다. 시리아를 시작으로 다른 중동 국가에도 반정부 시위가 들불처럼 번져, 이른바 아랍의 봄(Arab Spring)이 시작되었다.

이렇듯 기후 변화로 인한 곡물 가격의 상승이 중동의 정치, 경제, 사회 전반에 영향을 미쳤다. 그야말로 기후 변화의 엄청난 나비 효과라 할 수 있었다. 그러나 시리아 난민 사태는 단지 기후 변화의 전조에 불과하다. 지구의 평균 기온이 1도 상승하면 아열대와 열대 국가의 농작물은 10-15퍼센트 감소한다. 지구의 평균 기온이 1.5도 상승하면 3,500만 명이 기아로 고통을 받고, 2도 상승하면 3억 6,200만 명이 기아 상태가 된다. 전쟁보다 더 한 상태가 된다.

2023년 5월 17일 유엔(UN) 산하 기구 '세계기상기구'(WMO)는 2027년 안에 지구 평균 기온이 66퍼센트의 확률로 1.5도씨(℃) 기준점을 넘을 것이라고 밝혔다. 그러나 몇 년간 기준점을 돌파한다고 해서 '1.5도씨 기준점'이 깨졌다고 볼 수는 없다. 인류가 탄소 배출량을 급격히 줄이는 데 성공한다면, 지구 온난화 가속을 막을 시간이 아직 있다는 게 과학자들의 설명이다.

고통을 당하는 것은 인간만이 아니다. 기온 상승은 농작물 생산량의 감소뿐 아니라 생물 대부분의 생존에도 큰 영향을 미친다. 평균 기온이 1.6도 상승하면 생물의 18퍼센트가 멸종하고, 2도 상승하면 25퍼센트가 멸종한다고 한다.

이런 통계 수치들에 싫증난 사람들을 위해 조금 다르게 설명해 보자면, 지금으로부터 15분 후 지구에서 1종의 생물이 멸종할 것이다. 한 시간이 지나면 4종의 생물이 멸종하고, 하루가 지나면 100종의 생물이 지구상에서 사라진다.

하나님께서 만드신 걸작품들이 그야말로 경악할 만한 속도로 사라지고 있다. 인간이 환경을 파괴한 탓에 모든 피조물이 신음하고 있다. 그런 가운데서 그들은 예수 그리스도를 통한 영원한 구속과 회복을 소망하며 기다리고 있다.

> 피조물이 고대하는 바는 하나님의 아들들이 나타나는 것이니 피조물이 허무한 데 굴복하는 것은 자기 뜻이 아니요 오직 굴복하게 하시는 이로 말미암음이라 그 바라는 것은 피조물도 썩어짐의 종노릇 한 데서 해방되어 하나님의 자녀들의 영광의 자유에 이르는 것이니라(롬 8:19-21).

과연 하나님께서 이를 두고 우리 인간에게 어떻게 말씀하실까?

아니, 어떻게 책임을 물으실까?

하나님께서는 모든 만물을 말씀으로 창조하셨다. 하나님은 사람의 육안으로는 볼 수 없는 바이러스까지 창조하셨을 뿐 아니라 바이러스마다 고유한 임무(mission)를 부여하셨다. 바이러스가 각자의 임무를 잘 수행하도록, 사람은 하나님께서 주신 문화명령에 따라 피조 세계를 잘 지키고 보전하고 다스려야 할 것이다.

이와 같은 중차대한 책임과 사명이 성도와 교회 앞에 놓여 있다. UN이나 각 국가들 또는 NGO 단체들의 책무로만 볼 것이 아니라, 그 책무가 일차적으로 우리에게 있음을 깨달아야 한다. 왜냐하면, 하나님께서 창조하신 생명을 회복하는 사명을 그분의 백성, 곧 그분의 교회에 주셨기 때문이다.

그런데 이런 사명을 세상에 맡긴 채 손 놓고 있어야 되겠는가?

4) 새로운 패러다임으로 전환할 기회

문명 비평가인 레베카 솔닛은 "재난은 하나의 끝이요, 파괴와 죽음의 절정인 동시에 시작이요, 개방이요, 다시 시작할 기회이기도 하다"라고 역설했다. 그런 의미에서 거대한 재난은 낡은 사회 질서를 작동 불능으로 만든다. 인간은 패배자가 되는 대신 새로운 사회를 실현한다. 이것이 재난 유토피아라고 하는 이유다.[2]

레베카 솔닛(Rebecca Solnit)의 『이 폐허를 응시하라』에 나오는 내용이다. 이 책의 부제는 "대재난 속에서 피어나는 혁명적 공동체에 대한 정치 사회적 탐사"다.

위기와 재난의 상황에서는 대개 약탈과 파괴, 살인, 폭동이 일어날 것으로 생각하지만, 오랫동안 역사 속에서 일어났던 대재난을 연구한 레베카 솔닛은 전혀 다른 결론을 이야기한다. 즉, 재난이 인류에게 잔인한 고통과 상실감, 아비규환의 지옥을 주는 것이 사실이긴 하지만, 동시에 그 재난 속에서 지금까지 경험하지 못했던 강렬한 기쁨과 사랑과 연대가 일어나게 된다는 것이다.

기존의 사회 질서가 갑작스레 무너진 폐허 속에서 사람들은 그동안 중요하게 여겼던 가치를 의심하며 더 본질적인 무언가를 응시하게 되고, 그것으로부터 놀라운 깨달음을 얻게 된다. 그뿐만 아니라 재난 속에서 사람들은 이타주의라는 '인간의 본성'을 더욱 두드러지게 드러내고, 자발적으로 공동체를 형성해 뛰어난 임기응변으로 문제들을 해결해 간다. 그리하여 그 속에서 따뜻한 연대와 상호 부조가 꽃피는 시민 사회가 부활하게 된다.

---

2 레베카 솔닛(Rebecca Solnit), 『이 폐허를 응시하라』(서울: 펜타그램, 2012), 261.

이러한 양상은 축제나 혁명과 유사한 측면을 공유한다. 즉, 재난은 기존 체제를 파괴하는 데 그치지 않고, 새로운 사회 변화를 일구는 추동력이 될 수 있다. 이것이 레베카 솔닛이 말한 '재난 유토피아'(disaster utopia)다. 디스토피아의 현실과 현장에서 오히려 유토피아를 경험하게 된다는 것이다.

박영돈은 『성령이 임하시면 권능을 받고』(복있는사람, 2023)에서 '하나님 나라는 우리가 가는 게 아니라 우리에게 온 것이고 이 땅에 임한 하나님 나라에 우리가 들어가는 것'이라고 말한다[3]. 구원과 하나님 나라는 단지 죽고 나서 가는 존재의 이동이 아니다. 그것은 때로는 지옥 같은 삶의 현장에 하나님의 통치를 구하는 것이다. 재난을 마주한 디스토피아의 현장에서 자기를 포기하고 이웃을 위해 헌신하는 섬광 같은 내려놓음으로 유토피아를 경험하는 것, 이것이 하나님의 나라가 우리 가운데 임하는 것이다.

기후 변화로 문명사적 대위기를 맞은 현대 세계에 오히려 하나님 나라의 질서와 통치가 회복되길 소망해 본다. 재난은 인류에게 말로 다 할 수 없는 고통, 슬픔, 잔인함을 안겨 주지만, 동시에 작동 불능의 낡은 패러다임과 시스템들을 바꿀 기회도 제공하기 때문이다.

재난을 통해 엄청난 대가를 지불하고도 새로운 패러다임으로 전환할 기회를 얻지 못한다면, 현재의 물리적 재난은 시작에 불과할 것이다. 가까운 미래에 지금의 재난보다 더 큰 물리적, 정신적, 사회적 재앙이 일어날 것이기 때문이다.

환경 파괴와 불평등을 낳으며 오작동하는 세계 경제 시스템과 정치, 교육, 사회복지, 의료 등 모든 시스템을 점검하여 바르게 작동할 수 있는 새로운 패러다임으로 전환해야 한다. 미래 사회에서 지속 불가능한 개념들은

---

[3] 박영돈, 『성령이 임하시면 권능을 받고』(서울: 복있는사람, 2023), 96.

과감히 포기해야 한다.

빈익빈 부익부라는 불평등을 영구히 지속시키는 브레이크 없는 신자유주의 경제 체제에 재갈과 굴레를 씌워 공유 경제, 공동체성을 살리는 희년적 경제 시스템으로 전환해야 한다. 무한 경쟁과 비인간화로 치닫는 교육 제도 역시 성경적 세계관에 기초한 창조 질서를 회복하는 교육으로 전환해야 한다. 이러한 세계관의 전환과 함께 4차 산업혁명에 기초한 기술적, 시스템적 융합이 일어나야 한다. 화석 연료 중심의 에너지 개발은 재생 에너지와 친환경 에너지로 서둘러 전환해야 한다.

포스트 코로나 시대를 살아가는 기독교의 가장 시급한 과제는 교회의 변혁이다. 교회는 코로나 펜데믹을 반면교사 삼아 앞으로 일어날 수 있는 재난에 대비해야 한다. 교회가 먼저 솔선수범하여 위기에 대처하고 정부의 손이 닿지 않는 복지의 사각지대에 있는 가난한 사람들을 돌보아야 한다. 재난으로 머물 곳을 잃은 사람들에게 교회당을 내어주는 환대 사역이나 극심한 경영난을 겪는 소상공인과 위기에 처한 이웃들을 도울 수 있는 구체적인 방안들을 모색해야 한다.[4]

이로써 교회는 시민 사회가 안정적으로 기댈 수 있는 큰 느티나무가 될 수 있을 것이다. 온전한 교회는 케리그마(말씀 선포)와 디다케(교육), 디아코니아(사회 봉사), 코이노니아(나눔과 공유)가 조화를 이루는 곳임을 기억하자.

---

[4] 예를 들어, 피자 주일, 치킨 주일, 도시락 주일을 만들어 동네 자영업 가게에서 주문하여 어려움에 처한 이웃들에게 선물로 나눠주는 시민 운동을 주도할 수도 있고, 희년 은행을 만들어 무이자 소액 대출을 통해 재난지원금을 제공할 수도 있다. 실제로 이슬람권 은행에서는 무이자 대출을 실천하고 있다.

5) 생태로 옷 입히기

창세기 1장 28절에서 하나님이 인간에게 주셨던 창조적 문화명령은 인간의 불순종으로 탐욕적이고 파괴적인 개발 명령으로 바뀌게 되었다. 인류 문명은 성경에 나오는 귀신 들린 사람처럼 자기 몸을 해하는 사람이 되었다. 탐욕에 뿌리를 둔 개발과 성장주의라는 귀신이 지구를 피투성이로 만들어 놓은 것이다.

기후 위기는 단순히 몇몇 생물종이 사라지는 것으로 끝나지 않는다. 머지않은 미래에 헝거 팬데믹이라는 대재앙으로 우리 인간을 급습할 것이다. 이와 관련해 어떤 과학자들은 이미 임계점을 지나 돌이킬 수 없다고 말하기까지 한다. 하지만, 지금이라도 인류가 어떤 결정을 하느냐에 따라 그 시간을 늦출 수도, 심지어 멈추게 할 수도 있다.

생태적 위기와 기후 변화를 극복하기 위한 가장 적극적인 대안은 생태적인 삶을 사는 것이다. 지키고 보호하는 방어적 생태 환경 운동도 중요하지만, 적극적인 생태적 공동체가 많이 일어나 환경 문제는 물론 식량 문제까지 해결하는 대안적인 삶이 더욱 필요하다.

2019년, 프란치스코 교황은 '생태적 죄'(ecological sin)를 천주교 교리에 포함하는 방안을 검토 중이라고 했다. 또한, 그는 대기 및 수질 오염과 동식물의 대규모 파괴를 '생태 학살'이라고 부르며, 그런 행위를 저지른 기업을 처벌해야 한다고도 했다.

그렇다. 사람은 하나님으로부터 문화명령을 받았다. 생육하고 번성하여 땅에 충만할 뿐 아니라 땅을 보호하고 모든 생물을 다스리는 '청지기' 사명을 받았다. 이것은 부탁이 아니라 명령이다. 우리는 문화명령뿐만 아니라 지상명령을 받았다.

> 그러므로 너희는 가서 모든 민족을 제자로 삼아 아버지와 아들과 성령의 이름으로 세례를 베풀고 내가 너희에게 분부한 모든 것을 가르쳐 지키게 하라 (마 28:18-19).

문화명령과 지상명령을 하나로 통합한 말씀이 마가복음 16장 15절이다.

> 너희는 온 천하에 다니며 만민(all creature)에게 복음을 전파하라(막 16:15).

여기서 만민은 사람이 아니라 모든 피조물을 뜻한다. 예수님의 제자는 온 천하를 다니며 사람뿐만 아니라 동물과 식물, 미생물을 비롯한 모든 피조 세계에 복음을 전하라는 것이다.

이런 관점에서 환경을 파괴하는 것은 생명과 평화에 반하는 죄악으로 인식해야 한다. 만일, 국가와 기업이 이런 파괴를 일삼는다면 그 기업에 책임을 묻고 회개를 당연히 촉구해야 한다. 이것이 제자의 사명이다.

언젠가 '기독교환경교육센터 살림'에서 일정 기간 금식하면서 기도하는 것을 탄소 금식(carbon fast)으로 행하도록 추천하는 글을 읽은 적이 있다. TV나 에어컨, 오디오 등의 리모컨을 내려놓는 '리모컨 금식'으로 전기 사용을 줄여야 한다.

재생 종이의 사용과 양면 복사나 이면지 사용 등의 '종이 금식'으로 종이의 사용을 줄여야 한다. 2015년 기준으로 우리나라 1인당 종이 소비는 18킬로그램으로, 한국은 세계 11위의 종이 소비 국가다(Statista, 2021).

'플라스틱 금식'으로 일회용 플라스틱 사용을 줄여야 한다. 미국 환경운동단체인 어스데이(Earthday)의 보고에 따르면, 전 세계에서 해마다 5조 장의 비닐봉지가 1,000년 동안 매립장에 묻혀 있거나 바다로 흘러가 동물들을 해치고 있다고 한다(Earthday.org, 2022).

'고기 금식'으로 세계의 축산업 규모를 줄일 수 있다. 전 세계적으로 쇠고기의 소비가 증가하자 쇠고기를 생산하는 나라들은 숲을 파괴하여 소를 방목할 목초지로 만들고 있다. 또한, 과학자들은 엄청난 규모로 목축 되는 소들이 이산화탄소보다 온실 효과가 23배나 강한 메탄가스를 막대한 양으로 배출하여 지구 온난화의 주요 원인이 되고 있다고 지적한다.

『선생님, 채식이 뭐예요』의 저자 이유미는 일주일에 한 번 하는 채식은 1년에 나무 15그루를 심는 것과 같고, 완전한 채식은 일 년에 315그루의 나무를 심는 것이라고 말한다[5]. 영국의 동물보호국제기구인 The humane league의 보고서에 따르면, 한 사람의 완전 채식은 매년 300평의 숲을 살리는 효과가 있다고 한다.

이런 점에서 '음식 금식'과 함께 '탄소 금식'을 실천하는 것 또한 사순절을 의미 있게 보내는 방법이라 생각한다. 동시에 십자가의 사랑으로 사람과 생태계의 회복을 위해 기도하는 한편, 미래 세대의 필요를 생각하지 않는 개발 및 생태 파괴에 일조하던 삶의 방식을 회개하고, 나아가 지구의 환경을 보전하는 지속 가능한 삶과 실천을 결단하는 시간이 되도록 하면 좋을 것이다.

6) 기후, 생태 전문 선교사

지속 가능한 발전이란 한마디로 우리의 손자와 손녀 세대를 생각하며 오늘을 살자는 것이다. 그런 의미에서 기후 변화는 특정한 사람이나 집단에

---

5 이유미, 『선생님, 채식이 뭐예요』 (서울: 철수와영희, 2022), 87.

서만 다룰 주제가 아니라 우리 모두의 주제다.

이를 자각한 유럽의 어린이와 청소년들은 거리로 나와 미래 생존을 위한 캠페인을 자발적으로 만들어 가고 있다. 가령, 독일의 초등학생들은 "지구를 지키자"(save the earth)라는 문구를 골판지에 적어 거리 캠페인을 하고 있다. 그들은 자신들의 미래를 어른들에게만 맡길 수는 없다고 주장한다. 왜냐하면, 어른 정치인들이 결정하는 정책 방향이 미래 세대를 전혀 고려하지 않기 때문이다.

2018년, 스웨덴의 16세 소녀 그레타 툰베리(Greta Thunberg)는 기후 변화의 심각성을 느끼고 앞에서 기후 변화를 막을 수 있는 정책을 요구하며 1인 시위를 벌였다. 이 시위는 어느덧 전 세계 130개국에서 160만 명의 청소년이 참가하는 '미래를 위한 금요일'(Friday for Future, FFF)이라는 이름으로 확대되었다. 툰베리는 2019년 <타임>(Time)과 <네이처>(nature)의 '올해의 인물 10인'에 선정되었다. 심지어 노벨평화상 후보에 오르기도 했다.

청소년 한 명의 생태적 각성이 세계 정상들을 환경 문제에 관심을 가지도록 만들었다. 한국에서도 툰베리 같은 친구들이 교회나 미션 스쿨, 또는 기독교 대안 학교 등에서 많이 나왔으면 좋겠다. 골판지 피켓이든 다른 방법으로든 국회의사당이나 시·군·도의회 앞에서 자신들이 살아갈 미래의 지구 환경을 위해 하나님 나라의 청지기로서 당당히 소리를 낼 수 있는 청소년들이 많이 나왔으면 좋겠다.

홍수가 나면 물은 많지만 마실 수 있는 물은 오히려 구하기 어렵다고 한다. 캄보디아도 물이 풍성한 나라이기는 하지만 식수로 사용할 수 있는 물은 오히려 귀한 형편이다. 지표수가 오염되어 지하수를 많이 개발했지만, 땅속에 있는 비소에 중독되어 고통당하는 사람이 그만큼 많이 생겨났다. 이런 상황을 안타깝게 여긴 미키 샘손(Mickey Sampson) 교수가 캄보디아 선교사로 파송되어 오게 되었다. 그는 RDI(Resource Development International)라는 단체를 조직해 캄보디아에 맞는 적정 기술로 정수기를 만들어 매년 1만 개 이상을 보급하고 있다.

또한, 생물학적, 화학적 검사와 중금속 오염을 확인할 수 있는 수질연구소를 만들어 활발하게 수질 검사를 진행하고 있을 뿐만 아니라, 캄보디아 정부와 연계하여 캄보디아 수질 전문가를 양성하기 위해 RDIC 수질연구소 인턴십 과정을 개설하고, 장학생을 선발하여 미국으로 유학을 보내기도 했다. 미키 선교사의 꿈은 석·박사 학위를 갖춘 캄보디아 수질 전문가 40명을 양성하는 것이었다.

나는 RDI 수질연구소를 방문할 때마다 부러움과 함께 소망을 가지게 된다. 비록 컨테이너 조립식 건물로 만들어진 볼품없어 보이는 수질연구소지만, 화학을 전공한 미국 선교사 한 명의 헌신과 아이디어로 캄보디아의 물 문제를 해결했기 때문이다.

만일, 한국 교회가 선교지에 교회 건물과 선교센터 짓는 일에 힘쓰기보다 그 재정으로 선교지의 수질과 공해, 환경 연구와 같은 전문성 있는 창의적 선교에 지원하여 수질 전문가나 환경 전문가 등을 양성하는 데 힘쓴다면 선교지 국가가 지닌 다양한 사회 문제를 해결함은 물론, 사회적 가치를 창출하는 지속 가능한 친환경 비즈니스 모델까지 만들 수 있는 선교 모델이 나올 수 있을 것이다.

4차 산업혁명 시대 세계 선교는 다양한 분야의 기후 생태 전문가를 양성하는 새로운 선교 패러다임을 열어가야 할 것이다.

7) ESG 선교

2000년 캄보디아에서의 삶을 시작으로 24년 동안 한국에서 3월을 보내 본 적이 없는 것 같다. 그러나 3월이 되면 생각나는 꽃이 있다. 수선화, 산수유, 매화, 벚꽃, 개나리, 진달래다.

캄보디아 건기의 절정인 3월이 되면 가로수 나무에서 피는 보라색 꽃이 있다. 이 보라색 꽃이 필 때면 절정의 더위가 시작된다. 뜨거운 더위를 알리는 전령이다. 그리고 4월이 되면 캄보디아 최고 더위가 시작되고, 이 더위가 비를 부르면서 우기가 시작된다.

그런데 지구 온난화로 캄보디아 날씨는 더 뜨거워지고 우기는 더 길어지고 있다. 세계 곳곳이 기후 변화의 영향을 받고 있음을 우리는 실감하고 있다. 코로나 팬데믹의 주요 원인이 지구 온난화라는 것을 알고 있지만 지구 온난화를 가속화하는 성장과 팽창 중심의 세계 경제 정책은 그대로 유지하고 있다.

세계는 코로나 팬데믹이 문명사 최대 위기라며 호들갑을 떨었지만, 적절한 대안을 찾고자 하는 노력 없이 다시 원점으로 돌아왔다. 교회는 겨우 온라인 예배를 어떻게 할 것인지, 대면 예배로 돌아오지 않고 있는 성도를 어떻게 돌아오게 할지를 고민하는 정도다.

이미 세계는 기후 위기, 고령화, 인구 감소와 과학 기술 발전으로 수축사회 2.0으로 진입했다. 그런데 여전히 한국 교회는 부흥 3.0을 꿈꾸고 있다. 꿈이 비전이 되기 위해서는 시대를 분별하고 하나님의 뜻을 분별해야 한다. 그렇지 않은 꿈은 헛된 욕망이 될 수 있다. 업데이트되지 않은 내비게이션처럼 엉뚱한 길로 안내할 것이다. 틀린 길은 다시 돌아갈 수도 있지만, 신념을 가지고 잘못된 길을 옳은 길로 여기며 안내하는 GPS가 고장난 내비게이션은 위험을 넘어 대형 사고를 일으킬 수 있다.

한스 로슬링은 『팩트풀니스』에서 오작동하는 내비게이션의 이유를 정확하게 설명하고 있다. 그리고 이런 오작동이 교회와 선교 현장에서 지속적이고 체계적으로 일어나고 있다면 선교 전략의 구조적 문제가 분명하다. 이것은 신학교와 선교 단체와 교회의 책임이라 생각한다.

우리가 진행하려고 하는 선교의 방향이 UN의 SDGs(Sustainable Development Goals, 지속가능개발목표)와 결을 같이 할 때, 선교는 하나님 나라 운동이지만 세상을 변화시키는 변혁적 운동이 될 수 있다. 세계 모든 나라마다 달성하고자 하는 SDGs 지표와 전략이 있다. 선교의 방향이 SDGs를 따라갈 필요는 없다. 그러나 하나님의 선교는 SDGs를 모두 담을 수 있다. 하나님 나라 운동은 이 세상을 변혁하는 통합적이면서 포괄적인 선교다. 하나님 나라야말로 가장 완벽한 지속 가능성의 모델이기 때문이다.

요즘 ESG 경영이라는 말을 많이 듣고 있다. 지속 성장을 위해 기업은 말할 것도 없고 학교, 공공 기관, 종교 단체를 포함한 모든 기관이 환경 보호에 앞장서야 하며, 사회 공헌 활동에 최선을 다하고, 윤리적이고 공정한 경영을 해야 한다는 개념이다. 모든 비즈니스 앞에 ESG가 붙을 수 있다. ESG 금융, ESG 보험, ESG 건축, ESG 교육는 물론 의식주까지 전부 ESG와 연결된다.

한국의 어느 금융 회사는 ESG 경영을 추구하지 않는 기업에 투자하지 않겠다고 선언하기도 했다. 윤리적 소비를 중시하는 소비자들은 ESG 경영을 추구하지 않는 회사 제품은 구매하지 않는다.

우리나라에서 활동하는 방송인으로도 잘 알려진 타일러(Tyler Rasch)의 『두 번째 지구는 없다』라는 책은 세계적 산림 관리 단체인 FSC(Forest Stewardship Concil)의 인증을 받은 책이다. FSC의 관리 감독 아래 만든 종이로 책을 만들었다는 것이다. 당연히 책값이 더 비싸다. 그러나 환경 보호에 관심이 있는 독자라면 비싸도 FSC 인증을 받은 책을 사려고 할 것이다.

탄소중립시대 기업의 친환경 경영, 사회적 책임, 투명한 지배 구조를 의미하는 ESG(Environmental Social Governance) 개념을 적용하지 않으면 기업은 살아남을 수 없다. 교회도 마찬가지다. ESG를 적용하지 않으면 21세기에 살아남는 종교가 될 수 없다. 교회는 ESG를 어떻게 적용할지 고민해야 하고, 선교사들은 선교 속에 어떻게 ESG를 녹여 낼 수 있을지 연구하고 노력해야 한다. 신학도 마찬가지다.

4차 산업혁명과 기후 위기, 코로나 팬데믹으로 이미 새로운 르네상스가 시작되었다. 이제 기독교가 새로운 방향성을 제시해야 한다. ESG를 추구하는 교회와 선교의 모델이 나와야 한다. 세상을 향한 ESG를 녹여 낸 선교적 가치를 만들어 나가야 한다. 이 사회적 책임을 교회가 기꺼이 짊어져야 한다.

그러나 원래 교회의 사명과 기독교 세계관 안에는 ESG 개념이 이미 포함되어 있다. 새로운 것이 아니다. 교회가 교회다워지고 그 삶을 보여 주면, ESG 교회와 ESG 선교는 자연스럽게 된다. 이것이 포괄적 의미의 선교적 교회(Missional Church)다.

감사하게도 이삭공동체가 오래전부터 추구해 온 E^3MC에는 이미 ESG 철학이 담겨 있다. 이미 오래전부터 이삭공동체에서 진행 중인 자연 농업 양돈, 양계, 원예, 이삭미트와 에코솔라도 ESG 방향성과 결을 같이하고 있다. 부족한 부분도 많지만, 이삭공동체는 ESG라는 개념이 나오기 오래전부터 ESG 선교를 해 왔다. 이삭공동체가 그렇게 할 수 있었던 이유는 하나님 나라를 추구하는 선교를 해 왔기 때문이다. 하나님 나라 신학과 선교 안에는 지속 가능성과 포괄성과 온전성을 모두 포함하고 있기 때문이다.

2. 건강한 세계관, 건강한 삶

1) 생각이 행동을 낳는다

2007년에 나는 처음으로 안식년을 가졌다. 아니, 내가 안식년을 가졌다기보다는 하나님께서 안식년을 선물로 주셨다. 그때 나는 미국 동부의 코네티컷주 뉴헤이븐에 있는 OMSC(Oversea Mission Studies Center)에서 1년 동안 선교학을 공부할 기회를 얻었는데, 당시 겪었던 두 가지 경험은 세계관이 얼마나 중요한지를 깨닫는 귀한 계기가 되었다.

선교학 수업 중 남아프리카공화국의 인종차별정책(아파르트헤이트)과 관련한 영상을 본 적이 있다. 남아공의 백인 대부분은 네덜란드계로 개혁주의의 영향을 받은 사람들이었다. 그런데 이들은 칠지힌 인종차별정책을 만들어 백인과 흑인이 함께 살 수 없도록 주거와 이동, 교육, 정치 참여 등에서 차별을 두었다. 이런 인종 차별과 탄압은 1961년부터 넬슨 만델라가 대통령이 되기 전인 1994년까지 이루어졌다.

이 과정에서 수많은 사람이 고문과 폭행, 살인, 테러 등을 당했다. 나는 이러한 상황이 도무지 이해되지 않아 수업을 진행하는 교수에게 질문을 던졌다.

"종교개혁을 주도했던 사람의 후예들이 어떻게 이렇게 악한 아파르트헤이트 정책을 만들 수가 있으며, 또 어떻게 개혁교회는 이런 정책에 신학적으로 동조하거나 침묵할 수 있나요?"

"그들이 사용하고 있는 성경은 내가 가진 성경과 다른 성경인가요?"

당연히 내가 읽는 성경과 그들이 읽는 성경은 같은 성경이다. 다만, 성경을 어떻게 읽느냐에 따라 다른 결과가 나타난다. 관점에 따라 성경을 다르게 해석하고, 다르게 행동한다.

결국, 어떤 생각과 세계관을 가지고 있느냐에 따라 다른 결과, 곧 다른 해석과 행동, 나아가 다른 삶을 살게 되는 것이다. 아무리 종교개혁의 후예라 할지라도 세속적으로 자신에게 유리한 이념에 편향된 세계관을 가지고 있으면 그렇게 행동하는 것이다. 생각이 행동을 낳기 때문이다.

두 번째로 세계관의 중요성을 깨닫게 된 중요한 계기는 OMSC에서 과정을 마치고 앨라배마주에 있는 SIFAT(Servants In Faith and Technology)라는 기관을 방문했을 때 일어났다. 이곳은 적정 기술과 공중 보건 분야를 선교에 접목하고 있었던 단체였기 때문에 꼭 방문하고 싶었던 곳이다. 이곳의 대표가 르완다 투치족 출신의 형제를 소개해 주었다.

옛날부터 르완다에서는 다수의 후투족이 소수의 투치족에게 지배를 받고 있었다. 그런데 극심한 경제난으로 일거리가 없어지고 먹고 살기가 어려워지자, 다수의 후투족이 그동안 참아 왔던 분노를 소수의 지배 계층인 투치족을 향해 터트렸다. 1994년 4월부터 7월까지, 약 100일 동안 80만 명 정도의 투치족이 잔인하게 학살을 당했다. 교사, 목사, 가톨릭 사제들까지 정글칼을 들고, 투치족이라는 이유만으로 자신의 제자였고 성도였던 사람들을 무참히 학살했다.

내가 SIFAT에서 만난 투치족 형제는 당시 SIFAT에서 후투족 친구 한 명과 함께 선교 훈련을 받고 있었다. 그런데 갑자기 아버지의 부고를 듣게 되었다. 함께 선교 훈련을 받는 후투족 친구가 다니는 교회의 목사가 이 형제의 아버지를 죽인 것이다. 이 형제 아버지의 부고를 듣고 SIFAT 전체가 초긴장을 했다고 한다.

당연한 일이었다. 투치족 형제의 아버지를 죽인 사람이 후투족 형제가 다니는 교회의 목사라니, 믿기지 않는 일이었다. 만약, 두 형제가 르완다에 있었다면 서로 죽고 죽이는 관계가 되었을 것이다. 목사와 사제가 정글f칼을 들고 지난 주일에만 해도 함께 예배 드렸던 성도를 죽이는 정도였으니 말이다.

그러나 선교 훈련 SIFAT 대표는 성령님께서 SIFAT에 있는 르완다 형제들의 마음을 어루만져 주셨고, 그로 말미암아 서로 용서를 구하고 화해하는 시간을 가졌다고 했다.

르완다는 인구의 70퍼센트 이상이 가톨릭교도와 기독교인이다. 그러나 그들에게 복음은 종족 간 문제를 뛰어넘지 못하는, 미약한 것에 불과했다. 예수님을 믿었는지는 몰라도, 그들은 여전히 종족주의를 극복하지 못하는 옛 세계관의 지배를 받고 있었다.

앞에서 언급했듯이 믿음, 즉 신념 체계는 세계관으로부터 영향을 받는다. 세계관으로부터 영향을 받은 믿음이 개인과 사회의 가치관을 만들고, 사람들은 그 가치관에 따라 행동한다. 남아공 개혁주의 교회의 영향을 받았다고 하는 백인들이 인종차별정책을 만들고 인구의 70퍼센트가 기독교인이라고 하는 르완다에서 교인들은 물론 교회의 지도자들까지 정글칼로 학살을 자행하는 것은, 그들이 입으로 어떤 고백을 하는지 또는 무엇을 믿고 있는지가 중요한 것이 아님을 보여 준다.

그러므로 우리는 끊임없이 자신이 가진 생각과 세계관을 성경에 비추어 피드백을 받는 한편, 하나님 나라와 상관없는 것들을 걸러내는 작업을 지속해야 한다. 왜냐하면, 생각은 행동을 낳기 때문이다.

2) 순례길에서 만난 E³MC

<우리 생애 최고의 순간>이라는 영화가 있듯이, 나의 '우생순' 중 하나는 고등학교 시절 선교 단체 SFC에서 성경 공부를 하는 중에 인생의 목적과 살아가야 할 이유를 깨닫게 된 순간이었다. 성경 공부를 한 뒤 자전거를 타고 집으로 돌아가는 순간은 바울의 고백 (고후 12:2-3)처럼 내가 몸 안에 있었는지, 몸 밖에 있었는지 모를 정도로 최고의 희열을 느꼈던 순간이었다.

그때 내가 살아가는 이유이자 인생의 목적으로 정한 것이 호세아 10장 12절에 나오는 "묵은 땅을 기경하는 것"이었다. 그리고 가난하고 인간 대접을 받지 못하고 천대 받는 농민과 그들의 터전인 농촌 및 농업이 그 '묵은 땅'이라고 생각했다. 다소 이른 시기에 나름 철학적 사유를 하고 내린 결론이었다. 그래서 농민을 도울 수 있는 전문성과 생계로서의 직업을 얻기 위해 수의대에 가서 공부하여 수의사가 되고, 그런 다음 신학대학원에 진학하여 농촌 목회와 농민 운동을 하는 목사가 되어야겠다고 다짐했다.

지금은 최고 높은 내신 등급과 수능 점수를 받아야만 갈 수 있는 수의대지만, 당시는 입학하기가 그렇게 어렵지 않던 시절이어서 수의대 88학번이 될 수 있었다. 그런데 당시 386세대들이 그랬듯이 입학하고 나서 나는 군부독재와 남북분단이라는 조국의 현실 속에서, 하나님 나라 건설을 위한 신학 서적과 우리 민족이 나아가야 할 길을 찾기 위한 사회과학 서적에 심취했다.

책가방에서 어떤 책을 꺼내느냐에 따라, 또는 어떤 책과 더 많은 시간을 보내느냐에 따라 책 주인의 인생이 결정된다고들 한다. 나는 가방 속에 두꺼운 해적판 수의학 영어 원서와 함께 신학 서적과 사회과학 서적을 항상 비슷한 비율로 들고 다녔다. 자연스럽게 가방 속에 있는 책 사이의 갈등이 시작되었다.

처음에는 전공과 신학 사이에서 갈등했다. 농민 운동과 농촌 목회를 위해 수의학과를 선택했지만, 생각보다 공부해야 할 내용이 너무 많다는 것을 입학 후에야 알게 되었다. 의학은 인체 하나에만 집중하면 되지만 수의학은 소, 돼지, 개, 가금류를 항상 같이 비교하며 공부해야 했다. 해부학을 공부하자니 한 개체의 해부학만 해도 외울 것이 많은데 개, 소, 돼지, 닭, 때로는 말 뼈다귀까지, 그야말로 외울 것이 천정부지로 쌓였다.

설상가상으로 해부학의 한 학기 과제물이 해부 골학 교과서에 나오는 뼈 전체를 스케치해 오라는 것이었다. 미대 데생 수업도 아닌데 그 많은 뼈다귀를 그리라고 하니, 안 그래도 힘든데 그만 공부를 때려치우고 싶었다. 결국, 농민 운동과 농촌 목회를 위해 수의학을 꼭 공부해야 하는가 하는 갈등이 생겼다. 전공과 신앙, 학문과 하나님 나라 사이의 관계 정리가 필요했다.

당시 우리나라 기독교에는 소위 '은혜 받으면 신학교에 가야 하는' 풍조가 있었다. 만인이 제사장이라고 하면서도 성직과 성직자를 일반 직업과 평신도와 분리하여 우대하는 이원론적 사고가 기독교계를 지배하고 있었다. 이런 풍조에 반항심이 가득하던 차에 나는 기독교학문연구회나 기독교대학설립동역회와 같은 기독교 지성 운동을 알게 되었다. 그런 운동을 이끌었던 분들이 소개하던 하나님 나라의 개념과 기독교 세계관이나 학문관으로 신학과 수의학을 분리하는 것이 아니라, 통합적으로 바라보는 관점을 가지게 되었다.

이어서 생긴 또 다른 갈등은 신학과 사회과학 사이의 갈등이었다. 나는 마르크스의 사상이 세상에 필요한 대안을 만들어 내어 마르크스가 예수님보다 더 위대하게 되면, 곧 '예수님이 아니라 마르크스가 세상의 구원자로 간주하면 어떡하지' 하는 어리석고도 쓸데없는 염려를 하곤 했다. 그때의 내 눈에는 대학 민주 광장 한가운데서 화염병을 들고 출정식을 하는 강인한 민주투사들에 비해, 작은 전도 책자를 들고 잔디밭과 벤치에 앉아 있는 방황하는 영혼들에게 전도하고 있는 그리스도인들은 너무 연약할 뿐 아니라 역사의식이 전혀 없는 것처럼 보였다.

그러던 중 모든 갈등과 방황을 종결짓는 인생의 책을 소개받았다. 그것은 대천덕 신부의 『토지와 자유』라는 책이었다. 스무 살 그때, 나는 이 책을 통해 처음 성경에 담긴 희년 사상을 만나면서 하늘과 땅이 하나로 연결되고 통합되는 느낌을 경험했다. 동시에 『진보와 빈곤』이라는 책을 쓴 미국의 경제학자 헨리 조지(Henrry George)를 알게 되면서 하나님 나라가 이 땅 위에 구체적으로 실현될 수 있다는 믿음을 가지게 되었다.

그리고 선교 한국과 통일한국을 꿈꾸었던 고왕인 박사와 대천덕 신부가 공동으로 쓴 『두 체제를 잇는 가교』라는 책을 통해 분단된 남과 북이 가진 체제의 한계, 즉 자본주의와 공산주의 체제의 한계를 뛰어넘을 수 있는 제3의 길이 희년 사상에 담겨 있음을 깨닫게 되었다. 하나님의 말씀인 성경을 통해 통일된 한국을 세우고, 통일된 한국을 통해 세계의 복음화를 꿈꾸는 선교 한국의 꿈을 꿀 수 있게 되었다.

수의학과 신학 그리고 사회과학은 기독교 세계관과 하나님 나라 신학 그리고 희년 사상을 만남으로써 내 안에서 통합될 수 있었다. 여기에 더해 유기 농업과 자연 농업을 공부하면서 환경과 생태적 상상력을 가지게 되었다.

그리고 E. F. 슈마허(E. F. Schumacher)의 『작은 것이 아름답다』(*Small is Beautiful*)를 읽으며 중간 기술, 적정 기술의 개념을 처음 알게 되었다. 적정 기술이란 값비싼 선진국의 첨단 기술은 아니지만 『팩트풀니스』(Factfullness)에서 말하는 1단계(하루 1인이 2달러 미만으로 살아가는 10억의 인구)와 2단계(하루 1인이 8달러 미만으로 살아가는 30억의 인구)에 속하는 가난한 사람들의 발전에 도움이 되는 착한 기술을 뜻한다. 공학 분야에는 문외한이었지만, 나는 적정 기술이라는 것이 공학이 회개하고 세례를 받은 모습이 아닐까 생각했다.

이처럼 통합과 생태적 상상력 그리고 적정 기술의 중요성을 깨달았지만, 그럼에도 뭔가 부족하다는 생각이 들었다. 이 모든 것을 담아낼 수 있는 삶이 있어야 한다는 것이었다. 그리고 그것이 바로 공동체라고 생각하게 되었다. 초대교회가 보여 준 삶과 공동체가 오늘날에도 가능한지 궁금해졌다.

그러다가 감사하게도 미국에 있는 기독교공동체들을 탐방할 기회를 얻게 되었다. 예수원의 대천덕 신부의 소개로 미국 조지아주에 있는 Bowen's mill 공동체, Covenant 공동체, 코이노니아팜공동체 그리고 헤비타트 본부를 방문하고, 이후 조지아주를 떠나 알래스카에 이르기까지 메노나이트, 아미시, 모라비안공동체, 브라더호프공동체, 화이트스톤공동체, 앤더타임 공동체 등을 방문할 수 있었다. 또다시 경험한 내 생애 최고의 순간이었다.

미국 기독교공동체 탐방의 결론은, 사도행전의 초대교회공동체는 오순절 성령 세례를 받은 사람들이 일시적으로 만든 종말론적 공동체가 아니라 오늘날에도 여전히 진행되는 중이라는 것이다.

내가 탐방한 공동체들은 선교(Mission)가 아닌, 삶(Life)을 펼쳐 가고 있었다. 그런데 놀랍게도 그들의 삶은 다른 어떤 전략적 선교보다 훨씬 더 탁월한 선교(Mission)가 되고 있었다.

이렇게 20대의 젊은 시절에 온전한 복음과 삶을 고민하며 읽었던 책과 토론 그리고 치열한 삶, 여기에 순례자의 길에서 만난 좋은 신앙의 친구와 멘토를 통해 지금 우리 이삭공동체가 추구하는 E³MC(Ecology Economics Education Mission Community, 생태·경제·교육·선교·공동체)가 만들어졌다고 할 수 있다. E³MC는 자립과 지속 가능한 생태적 경제와 교육이 함께 어우러지는 선교공동체를 의미한다.

이는 어느 날 갑자기 캄보디아에서 기도하며 만들어진 개념이 아니라 온전한 복음을 찾아가는 여정 속에서 만난 하나님의 선물이었다.

3) 정의롭고 구속된 우주

선교지로 나가려는 예비 선교사는 다양한 선교 훈련을 받는다. 그리고 신학교를 다니는 사람들은 대개 선교학 과목을 이수한다. 그런데 나는 가끔 선교 단체에서 어떤 훈련을 하고 신학교에서 선교학 시간에 무엇을 가르치는지 궁금할 때가 많다. 긍정의 의미로 하는 이야기가 아니라 부정적인 의미로 이야기하고 있다는 것을 눈치챘을 것이다.

가끔 선교지에서 신학 교수도 만나고 선교 단체 대표를 만나기도 한다. 대개 짧은 만남이지만 이들을 통해 많은 것을 배운다. 단기 선교팀으로 들어오게 되면 며칠간 밀착 동행하며 많은 시간을 같이할 수 있는 특권을 얻는다. 내가 가진 여러 견해와 사역의 내용을 점검받고 조언을 얻을 좋은 기회다.

때로는 '와, 정말 학자는 학자구나' 하고 감탄한다. 그러나 반갑지 않은 의문도 생긴다. '왜 그렇게 배운 대로, 훈련받은 대로 사역을 하지 않거나 하지 못하는가' 하는 의문이다. 배우지 못했거나 몰라서 못 하면 이해를 하지만, 배웠는데도 그렇게 하지 않는다는 것은 전혀 다른 문제다. 사실 나는 이런 이유로 선교학이나 선교 훈련에 대해 실망하고 약간의 불신이 있었던 것 같다.

이런 여러 가지 이유로 선교학을 학문으로서 공부할 가치와 이유를 몰랐지만 2007년 미국 OMSC(Overseas Ministries Study Center)에서 보낸 1년 안식년 동안 선교학을 공부할 기회가 있었다. 처음에는 선교학 공부에 관한 관심보다는 저렴한 비용으로 안식년을 가지며 쉬고 싶은 마음이 컸다.

그러나 OMSC에서 다양한 스펙트럼의 선교학자들을 만나고 난 후 선교학에 대한 편견이 사라졌다. 선교학이 이렇게 광범위한 분야를 다루는 통합적 학문인 것에 놀랐고, 광범위한데도 교회와 선교지에서는 정말 편협하게 특정 분야만 붙들고 씨름하고 있다는 것에 놀랐다.

교회나 선교지의 현실에서는 타락과 구속에 초점이 맞춰진 반쪽짜리 사역이 대부분이다. 창조, 타락, 구속, 회복의 관점이 모두 포함된 통합 사역을 해야 하는데, 여전히 '예수 천당, 불신 지옥'에 초점이 맞춰진 선교 사역이 대부분이다. 종종 구제와 개발, 교육, 의료 사역을 진행하기도 하지만, 이 사역들이 피조 세계의 회복을 바라시는 하나님의 선교(Missio Dei)로 인식되지 못하여 늘 보조적인 사역으로만 여겨지는 안타까운 상황을 보게 된다.

데이비드 보쉬(David Bosch)의 『변화하고 있는 선교』(*Transforming Mission*, CLC, 2010)는 전 세계에서 가장 널리 사용되는 선교학 교과서다. 보쉬는 하나님의 선교 목적은 "정의롭고 구속된 우주"라고 말한다. 전통적 복음주의적(evangelical) 선교 패러다임에서는 구속된 우주에만 초점을 맞춘다. 가능한 많은 사람이 구원받는 것이 핵심이다.

정의(justice)는 좋은 것이나 부차적이다. 왜냐하면, 심판을 부르는 정의는 은혜(grace)와 배치되는 것처럼 보이기 때문이다. 은혜를 강조하는 것이 교회 성장이라는 실제적인 목표에 크게 공헌해 왔다. 정의는 교회 성장에

방해물이 될 수 있다.

한편, 에큐메니컬(ecumenical) 선교의 목적은 정의로운 우주에 초점을 맞춘다. 에큐메니컬 선교 현장은 정의롭지 못한 세상이다. 종교적이거나 개인적 의미의 구원은 중요한 일이 아니다. 이들에게 선교는 세상을 정의롭게 하는 데 목적이 있다. 그러나 하나님의 관심은 세상의 정의와 개인의 구원이 통합된 정의롭고 구속된 우주다.

한국의 교단 신학교 대부분은 이러한 보쉬의 선교 패러다임을 따를 것으로 생각한다. 그러나 교회의 관심은 영혼 구원을 위한 복음 전도에 치우쳐 있다. 우리 주변의 정치와 경제와 교육과 환경과 문화에서 하나님의 다스림이 드러나는 일에는 관심이 없거나 부족하다.

이런 치우침은 단순히 성향의 문제가 아니라, 복음주의에 깊이 뿌리내린 영지주의의 영향이라 생각한다. 영적인 것이 육적인 것보다 더 중요하거나 상위의 개념이라고 믿고 있기 때문이다. 예수의 제자가 아니라 플라톤의 제자로 보일 때가 많다.

우리는 끈질긴 이원론과 싸워야 한다. 이것은 자신의 성향을 따라 취사선택할 수 있는 사안이 아니다. 단순히 진보적이거나 보수적이어서 선택하거나 하지 않는 문제가 아니라, 진리와 거짓의 싸움이다.

갈라디아서에서 나오는 '다른 복음'과의 싸움이다. 본질과 비본질의 대결이다. 갈멜산에서 엘리야가 벌인 바알 선지자와의 영적 전쟁처럼 인식해야 한다. 이 정도로 강력하게 이원론과 싸워야 온전한 복음을 전할 수 있고, 하나님께서 이루고자 하시는 정의롭고 구속된 우주를 지향할 수 있다.

가정생활과 직장생활, 민주 시민의 정치 참여, 사회 정의와 봉사, 교육 등 일상의 삶 속에서 정의롭고 구속된 세상을 추구하는 것이 그리스도인의 자연스러운 선교적 삶이다.

4) 선교적 교회

최근 선교학에서나 교회론을 다룰 때 선교적 교회(Missional Church)라는 말을 자주 듣는다. 교회가 곧 선교이고, 선교가 곧 교회라는 말도 종종 듣는다. 선교하지 않는 교회는 교회가 아니라고 자극하여 해외 선교 동원을 하는 경우가 종종 있다.

그러나 선교적 교회 이론에서 말하는 선교는 단순히 해외 선교만을 이야기하는 것이 아니다. 교회를 세상으로 보내신 분은 하나님이시다. 교회를 세상으로 보내신 목적은 세상을 섬기는 것이다. 하나님은 신음하고 고통받는 피조 세계의 회복을 위해 교회를 보내셨다. 교회는 세상을 섬기기 위해 존재한다. 아니, 세상을 섬길 때 우리는 비로소 교회가 된다. 본회퍼의 말처럼 교회는 타자를 위해 현존할 때 교회가 되는 것이다.

교회가 타자를 위해 존재한다는 것은 무슨 의미일까?

아프리카 케냐의 한 교회의 인사말에서 힌트를 얻었다.

이들은 서로를 보며 "Good morning, Church"라고 인사한다.[6]

서로를 보며 "안녕! 교회야"라고 인사하는 모습을 상상해 보면, 교회는 건물이 아니라 그리스도를 주로 고백하는 사람이 교회라는 것을 쉽게 인식하게 된다. 그런데 교회가 교회가 되기 위해서는 타자를 위해 현존할 때라고 한다. 즉, 교회인 우리가 내 이웃을 내 몸처럼 사랑할 때 진정한 교회가 되는 것이다. 가난한 이웃의 의식주 문제를 남의 이야기가 아니라 내 문제로 여기는 것이다. 일상 속에 정의와 공의를 실천하고 다음 세대를 위해 지

---

[6] 임종표 캐냐 선교사가 제 22차 인도차이나 한인 지도자 베트남대회 특강에서 캐냐의 한 교회는 성도가 서로 인사할 때 "Good morning! Church"라고 인사를 나눈다고 한다. 서로를 향해 교회라 부르는 것만큼 사람을 교회로 인식하는 방법은 없을 것이다.

속 가능한 삶의 대안을 만드는 것이 선교적 교회가 지향해야 할 삶이다.

그러니 교회가 세상을 외면하고 성장을 최종 목표로 삼는 것은 잘못이다. 만약, 선교적 교회 이론을 해외 선교 동원을 위한 수단 정도로 생각하면 선교적 교회 이론도 교회 성장을 위한 방법론으로 전락할 수 있다.

하나님의 선교는 사람이 하는 것이 아니라 하나님께서 하시는 일이다. 왜냐하면, 하나님께서 교회를 세상에 보내셨기 때문이다. 교회는 돈과 자본이 아니라, 하나님이 세상의 주인임을 고백하고 인정한다. 이 땅의 모든 영역이 하나님의 주권과 통치 속에 있음을 믿고 하나님으로부터 멀어지고 깨어진 모든 영역을 다시 회복시키려 노력한다.

권력을 가진 강자의 편에 서는 것이 아니라, 좌우 진영 논리와 상관없이 하나님의 뜻을 따라 항상 약자의 편에 선다. 교회는 청년 실업과 비정규직 문제를 보듬고 격려하고 대안을 함께 모색한다. 사회의 빈곤을 개인의 무능력 탓으로 돌리지 않는다. 하나님을 떠난 타락한 자본주의는 실업과 불평등을 낳게 되어 있기 때문이다.

하나님의 형상을 따라 사람이 창조되었기에 모든 사람에게는 인권이 있다. 교회는 미투(me too) 운동에 관심을 가지고 피해자의 편에서 싸워야 한다. 산업 재해를 입은 피해자와 가족을 위해 교회는 문을 활짝 열고 이들을 맞아 가슴 아픈 사연을 들어 주고 이해해 주고 도와줘야 한다.

교회는 다윗의 아둘람 굴과 같다.

> 환난 당한 모든 자와 빚진 모든 자와 마음이 원통한 자가 다 그에게로 모였고 그는 그들의 우두머리가 되었는데 그와 함께 한 자가 사백 명가량이었더라(삼상 22:2).

누구든 세상으로부터 어려움을 당했을 때, 교회를 찾아가면 도움을 받을 수 있다는 인식을 줘야 한다. 그것이 하나님께서 바라시는 하나님의 선교다. 교회는 타자를 위해 현존하는 것이고, 세상을 섬기기 위해 보내졌기 때문이다.

5) 21세기에 선택 받는 종교

비교종교학자 오강남, 성해영 교수의 대담[7]을 들으며 21세기에 선택 받는 종교가 되기 위해서 충족되어야 할 조건들을 생각해 본 적이 있다.

첫째, 그 종교가 생태적 관심이 있느냐는 것이다. 필 주커먼(Phil Zuckerman)은 생태적 관심이 없는 종교는 21세기의 종교가 될 수 없다고 말한다.

둘째, 표층 종교가 아니라 심층 종교로서 원래의 종교적 목적을 추구하는 종교여야 한다는 것이다. 표층 종교는 지금 나의 이익을 위한 종교이고, 심층 종교는 인류에 기여하도록 이끄는 자유롭고 풍성한 영성이 깃들어 있는 종교를 말한다.

셋째, 공공성을 회복할 수 있는 사회적 영성을 가지고 있느냐는 것이다. 개인이 세속적으로 잘되고 행복해지는 것에 한정된 종교가 아니라 사회적 변화까지 포함하는 변혁적(Transformational) 종교냐 하는 것이다.

---

7 2011년에 북성재에서 『종교, 이제는 깨달음이다』로 출판되었다.

오늘 우리는 탈종교의 시대를 살아가고 있다. 우리나라 20대의 약 75퍼센트가 무종교인이라고 한다. 기독교 내에서도 교회를 나가지 않는 소위 가나안 성도가 갈수록 늘어나고 있다. 서구에서는 '영성을 추구하지만 종교는 싫다'(Spiritual But Not Religion)라는 생각이 늘어난다. 교회에서 심층 종교의 모습은 사라지고, 복 받기 위해 형식에 매달리는 인습적이고 제례적인 모습만 남았다. 오늘날 교회는 개인과 사회와 역사 가운데 새로운 변화를 만들어 가는 변혁적 역할이 시들해졌다.

코로나 팬데믹을 통해 우리는 그동안 한 번도 치러 보지 못한 새로운 시험지를 받게 되었다. 보건, 의료, 경제, 교육, 기후, 환경 분야의 수많은 석학들이 집단 지성을 통해 코로나를 연구했을 것이다.

연구 끝에 학문적으로는 정답을 써 낸 것처럼 보인다. 코로나 팬데믹의 원인이 통제 수단이 없는 신자유주의 경제 체제 아래 무분별한 개발과 산업화, 세계화, 도시화로 인한 기후 위기라는 것을 여러 석학이 말하고 있다.

그러나 여전히 우리의 삶은 오답이다. 다시 코로나 이전으로 회귀하려고 한다. 이런 세상을 무비판적으로 따라가기 위한 무한 경쟁으로 몰아넣는 교육 시스템이 변화되지 않으면 희망이 없다. 제조업을 하는 회사는 제품 개발 전에 많은 시간과 노력을 들여 시장 조사를 한다. 소비자의 필요(need)와 흐름(trend)을 읽지 못하면 실패하기 때문이다.

앞서 두 종교학자의 대담에서 이야기한 것처럼 기독교가 대중에게 선택받아 21세기에 살아남는 종교가 되기 위해서는 어떤 모습이어야 할지에 관한 심도 있고 통합적인 논의가 필요하다. 기독교를 무조건적으로 믿으라고 강요하는 방식은 정복하고 파괴하는 십자군 정신에 기초한 선교다. 그동안 서구 사회가 해 왔던 제국주의적 선교다. 총과 문명을 앞세운 식민주의자와 그 뒤를 따르는 선교사의 모습은 하나님의 선교와는 전혀 무관한 제국주의적 선교다.

『포스트크리스텐덤 시대의 한국 기독교』(새물결플러스, 2019)의 저자 장동민 교수는 근대 제국주의적 선교는 예수님의 정신과 배치되는 프로젝트였다고 지적한다. 기독교는 '인민의 아편'이고 선교사는 제국주의의 '주구' 역할을 했다는 비판을 받는다. 네덜란드가 인도네시아를 3백 년간 지배하면서 개혁교회를 이식하려 했지만, 인도네시아는 해방 후 몇 년이 못 되어 세계 최대의 이슬람 국가가 되었다.

기독교 선교는 많은 부분에서 아직도 크리스텐덤 선교의 방식을 답습하고 있다. 우리는 십자군 정신이 아니라 십자가 정신으로 세상을 섬겨야 한다. 문화명령을 담은 창조 신학의 생태적 관점으로 세상을 섬겨야 한다. 창조와 타락과 구속과 회복이라는 하나님 나라 관점에서 복음의 공공성을 통해 개인과 사회와 역사를 변혁(transform)해 나가야 한다. 개인과 사회에 대한 공감과 공정 그리고 공익을 추구하는 공동체성을 회복시켜 나가야 한다.

탈종교화와 세속화가 급속도로 진행되는 포스트크리스텐덤 시대에 오만과 독선과 교만을 내려놓고 21세기 선택 받는 종교가 되기 위해 자신을 돌아보는 겸손이 필요하다. 이것이 코로나가 우리에게 주는 마지막 기회이자 교훈이라는 생각이다. 머리로만 동의하는 시험지 정답만 쓰지 말고 삶으로 정답을 보여 주길 진심으로 바란다.

6) 개종이 아니라 변혁

개종(converting)이 종교를 바꾸는 것이라면, 변혁(transformation)은 가지고 있는 세계관과 지금까지 믿고 있었던 신념 체계와 가치관 그리고 삶 전체를 바꾸는 것이다.

개종은 특별한 은혜를 경험하는 등의 계기가 있으면 급하게 일어날 수도 있지만, 기독교적 삶으로의 변혁은 세상을 바라보는 관점의 변화가 필요하므로 시간이 요구된다. 때로는 목사, 장로 그리고 오래 교회를 다닌 성도의 삶은 전혀 기독교적이지 아닐 수도 있다. 기독교 신앙을 가지고 있지만 세계관은 여전히 세속적이거나 이원론적인 채로 머물러 있기 때문이다.

세계관은 한 사람의 가치관과 행동에 영향을 미치는 근원적인 체계를 제공하기 때문에, 세속적인 세계관을 가진 사람은 설령 기독교인이 된다고 할지라도 세속적인 삶을 살게 된다.

특별히 선교지에서 선교사가 겪는 가장 큰 아픔과 좌절 중 하나는 오랫동안 믿고 양육한 제자가 믿음을 헌신짝처럼 버리고 원래의 모습으로 다시 돌아가는 경우다. 이는 기도와 믿음이 부족해서 생기는 문제가 아니라, 타문화권에 속한 사람들의 문화와 세계관에 대한 이해의 부족에서 생기는 문제일 때가 많다.

문화 인류학자 로이드 퀘스트(Lloyd E. Kwast)는 선교지에서 이런 현상이 종종 일어나는 원인을 세계관에서 찾았다. 그는 복음을 받아들일 때 신념 체계라고 할 수 있는 믿음의 영역은 변화를 가져와 신앙 고백을 할 수 있지만, 믿음의 영역보다 더 근원적으로 작동하는 세계관의 영역은 신앙 고백과는 별개로 신앙을 가지기 전과 후에 아무런 변화가 없을 수 있음을 알게 되었다. 신앙은 고백하지만, 삶의 태도는 여전히 무속적이거나 무신론적인 기복신앙에 머물 수 있다.

그렇기 때문에 복음을 전할 때 창조, 타락, 구속, 회복의 온전한 복음을 전하는 것도 중요하고, 복음을 받아들인 후 프로그램에 기독교 세계관 교육을 필수로 넣는 것도 중요하다. 기독교 세계관과 충돌이 일어나는 세속적 세계관이 무엇인지를 찾아내고, 그러한 가치관, 경제관, 결혼관, 역사관, 종말관을 성경적 세계관으로 변화시켜야 한다. 즉, 단순한 개종이 아니라 온전한 그리스도의 제자로서 변혁적인 삶을 살아가도록 해야 한다.

그와 더불어 성경적 세계관과 충돌을 일으키는 지점을 찾아 자신의 세속적 세계관을 성경적 세계관으로 변화시키는 성경 공부의 시간도 필요하다. 이를 위해 무엇보다 선교지의 문화에 대한 충분한 이해가 선행되어야 한다. 선교지의 언어, 문화, 종교, 교육, 정치, 역사 등을 충분히 알아야 한다.

이런 변혁적인 삶을 살아가는 과정 자체가 선교지에서는 '자신학'(自神學)을 만들어 가는 과정이다. 선교사가 차려 주는 '아메리칸 콘티넨털 브렉퍼스트'가 아니라 신토불이(身土不二)로 만든 전통적 밥상을 차리는 토착화(土着化) 과정이 필요하다. 이렇게 얻은 '자신학'의 결과, 생각과 행동이 같은 성숙한 그리스도의 제자를 양육할 수 있다.

한국 선교사가 선교지에서 자신학(自神學)이나 토착 신학을 깊이 있게 발전시키지 못하는 배경에는 한국 교회가 스스로 자신학을 만든 경험이 부재하기 때문이다. 우리는 조선 땅에 복음을 전하기 위해 자신의 삶을 기꺼이 바쳤던 초기 서양 선교사들의 헌신과 노고에 깊이 감사해야 한다. 다만, 당시 그들 대부분은 세대주의 종말론의 신학적 영향 아래 있었다. 이 신학의 관점은 현세의 삶을 하나님의 심판으로 불타 없어질 세상으로 간주했다. 그 결과, 이 땅에서 살아가는 육신의 삶이나 문화, 사회 변혁은 부차적인 의미를 갖게 되었고, '예수 천당, 불신 지옥'만을 강조하는 이원론적 영지주의적 복음주의 경향이 한국 교회에 뿌리내리게 되었다. 이러한 신학적 토대가 자신학의 발전을 어렵게 만든 요인 중 하나였다.

그리고 교회가 신자의 현실에 무관심한 가운데 세속적 물질주의와 무속적 기복주의가 예수 잘 믿으면 부자가 된다는 기독교 기복주의로 둔갑하여 교회를 점령했다. 분단 상황과 군사 정권 아래, 한국 교회는 반공주의와 기복주의의 요람이 되었는데, 이것이 이 시기 이루어진 비약적인 산업화와 경제 성장 등과 절묘하게 조화를 이루어 한국 교회는 폭발적인 양적 성장을 이루었다.

하지만, 하나님께서 바라시는 창조 세계의 회복을 위한 변혁의 노력은 없었다. 단지 교회 성장을 위한 제자 훈련 프로그램만 만들었을 뿐이다. 한국 교회는 균형 잡힌 '자신학'을 만드는 경험을 해 보지 못했고, 그 결과 시대와 사회에 영향을 주는 변혁적 복음으로서는 철저히 실패했다.

한국 교회가 급속히 쇠퇴하고 있는 지금, 한국 역사 속에서 타자를 위해 현존하지 못한 것을 철저히 회개하고 변혁적 복음으로 세상을 섬기는 교회로 거듭나야 할 것이다.

7) 상황적 공생 사역 모델

이삭공동체에서 진행하는 지역사회보건선교전략, 자연 농업, 협동조합, 공동체 기업과 학교 사역의 중요한 원리는 상황적 공생 사역 모델(Contextual Symbiotic Model)이다.

상황적 공생 사역 모델은 국제기아대책기구(FHI) 대표를 지낸 데쓰나오 야마모리(Taesunao Yamamori) 박사가 만들었다. 이 모델은 인간 성장의 네 가지 요소인 신체적, 정신적, 사회적, 영적 요소의 차원으로 접근한다.

각 요소마다 '구호-회복-개발-지속 가능성'이라는 네 단계로 나누어, 현재 사역하고자 하는 나라와 지역이 처한 상황이 무엇인지를 정확히 파악한 후, 그 단계에 가장 적합한 모델을 따라 접근하는 것이다.

1-2년의 짧은 시간 동안 지역사회보건선교전략 프로그램과 같은 개발 사역의 한 사이클을 돌리는 것은 불가능하다. 개발 사역이 잘 정착되기 위해서는 교육이 중요한데, 교육이 들어가는 프로그램을 1-2년 이내에 수행하는 것은 거의 불가능하기 때문이다.

이런 이유로 프로그램을 운영하는 NGO가 떠나면, 모든 사역이 수포가 되고는 한다. 1-2년으로는 현지인이 주인 의식을 가지는 것도, 지속 가능한 구조를 만드는 것도 현실적으로 불가능하다.

일반적으로 구호는 1년, 회복은 2-3년, 개발은 4-5년, 지속 가능성은 9-12년 정도의 시간이 요구된다.[8] 보통 OECD의 공적개발원조(ODA)나 국제개발 프로그램은 1-2년 정도이고, 간혹 길면 3년 정도 걸린다.

구호는 전쟁이나 재난 발생 시, 이전 상태로 회복될 때까지 돕는 것이다. 회복 이후에도 지속적인 구호 사업이 진행되면 의존적으로 만들 수 있게 된다. 회복 단계에 들어가면 개발 단계에 맞는 사역을 준비해야 한다. 선교사가 현지에서 사역을 시작한다면, 섬겨야 할 나라의 상황 및 지역사회가 구호의 단계인지, 회복의 단계인지, 회복을 지나 개발의 단계인지, 지속성을 생각해야 할 단계인지를 정확히 파악해야 한다.

동시에 신체적 영역, 사회적 영역, 정신적 영역, 영적인 영역 등 전체를 아우르는 전인성과 통합성이 요구된다. 예를 들면, 1975~1979년에 캄보디아에서는 '킬링필드'라고 하는 집단 학살로 200만 명 정도의 사람이 죽

---

8 데쓰나오 야마모리(Tesunao Yamamori), 『Penetrating Mission' Final Frontier』 (서울: IVP, 1994), 133.

었다.[9] 캄보디아인들에게는 가슴속의 큰 상처와 아픔은 물론 사회적으로도 많은 어려움이 있다. 이런 캄보디아인을 대상으로 사역할 때는, 경제적 부분을 무시할 수는 없겠지만, 그들이 가진 마음의 상처와 고통을 어루만져 주고 상담하는 사회 정신적 영역의 사역이 무엇보다 많이 필요하다.

또 캄보디아는 2단계 국가(하루 1인 8달러 이하)에 속하는 나라이기에 구호가 아니라 개발 사역이 필요하다. 그뿐만 아니라, 사역의 지속 가능성을 위해 캄보디아가 농업 국가라는 점을 활용하여 친환경적인 농업과 적정 기술을 활용한 BAM(Business as Mission)을 진행할 수도 있다.

상황적 공생 사역 모델에 따라 선교지를 잘 섬기기 위해서는 먼저 선교하고자 하는 국가와 지역사회의 상황을 정확히 파악해야 한다. 구호가 필요한지, 개발 프로그램이 필요한지, 아니면 지속 가능성을 생각해야 하는 곳인지를 정확하게 확인해야 한다.

그리고 무엇보다 구호가 필요한 곳이든, 개발이나 지속 가능성이 필요한 곳이든 해당하는 단계마다 신체적, 사회적, 정신적, 영적인 영역이 조화된 통합 사역이 될 수 있도록 사역을 잘 디자인하는 것이 필요하다. 사역을 디자인하기 위한 세 가지 고려 사항이 있다.

첫째, 창조, 타락, 구속, 회복의 관점으로 세상을 보는 것이다. 깨지고 무너진 하나님의 형상을 원래의 모습으로 다시 회복시켜야 한다는 생각을 길러야 한다.

---

[9] 캄보디아 킬링필드 시기에 총 사망자 숫자를 200~300만 명으로 다소 폭 넓게 추정을 한다. 캄보디아 프놈펜 시내에서 17km 떨어져 있는 대표적인 킬링필드 학살 장소인 Choeung Ek Genocidal Center에서 제작한 오디오 설명서에는 사망자 수를 300만 명으로 추정하고 있다. 참고로 캄보디아 전역에는 343곳의 집단 학살 장소가 있다.

둘째, 무너진 하나님의 형상이 어떤 것인지, 상황적 공생 사역 모델을 사용해 정확히 파악해야 한다. 다시 말해, 그래프를 그릴 때처럼 X축에는 인간 형성의 네 가지 요소인 신체적, 정신적, 사회적, 영적인 영역을 놓고, Y축에는 구호, 회복, 개발, 지속 가능성을 놓은 뒤 해당 지역사회가 지금 어떤 단계에 있는지 점검하는 것이다.

완성단계	목표	지원의 초점				소요 기간
		물질적	정신적	사회적	영적	
구호	재난과 난민 상태에서 생명 보전	✓				1년
회복	재난 이전 수준으로 회복	✓	✓			2~3년
개발	이전 수준보다 향상 시킴	✓	✓	✓		4~7년
지속성	자치, 자립, 자전, 지속 가능한 성숙	✓	✓	✓	✓	8~12년

상황적 공생 사역의 매트릭스(The Symbiotic Ministry Matrix)

셋째, 진단한 단계에 맞게 지역사회보건선교전략 프로그램을 실행하는 것이다. 반드시 지역사회보건선교전략 프로그램을 사용해야 한다는 것은 아니다. 그보다 자신에게 가장 맞는 도구를 사용하면 된다. 여하튼 이 순서에서 중요한 것은 지역사회보건선교전략 프로그램 또는 다른 적절한 도구을 운영할 수 있는 현지인으로 구성된 훈련팀을 준비시키는 것이다.

이런 현지인 훈련팀을 준비하기 위해 만든 곳이 ISAC(Institute of Sustainable Agriculture & Community development) 학교이며, 이 ISAC학교를 졸업한 학생들이 자연스럽게 함께 모여 생업과 교육, 예배 등을 함께하는 생활공동체로 성장하게 된 것이 현재의 '이삭공동체'다.

이처럼 선교지뿐만 아니라 교회 내 모든 사역과 프로그램이 기독교적 세계관에 기초한 상황적 공생 사역의 모델로 접근할 수 있다면, 교회의 사역이 더이상 우리만의 리그로 끝나지 않고, 지역사회와 세상을 품을 수 있는 사역이 될 것이다.

8) 노하우가 아니라 노와이

이삭공동체에 찾아오는 선교사와 단기 선교팀이 있다. 참 귀한 분들이다. 이삭공동체가 무엇을 하고 있는지 보고 싶어서 온다. 그러고는 많은 질문을 한다.

내가 가장 좋아하는 질문은 이것이다.

"왜 당신은 지금 이런 사역을 하고 있습니까?"

그런데 대부분 던지는 질문은 왜(why)가 아니라 어떻게(how)에 관한 질문이다. 즉, 노하우(Know how)를 묻는 것이다.

왜 그럴까?

마음이 급하기 때문일 것이다. 얼른 뭔가를 해야 한다는 부담감이 있다. 그런 마음을 충분히 이해한다. 그러나 노하우라면 나보다 더 잘 알고, 더 잘하는 전문가도 많을 뿐만 아니라, 인터넷 검색만 하면 필요한 정보들을 대부분 얻을 수 있다. 더군다나 실행하는 것도 돈이 있으면 얼마든지 더 잘할 수 있다.

하지만, 만약 다음이 노와이(know-why)를 묻는 질문을 한다면, 훨씬 풍성한 아이디어와 통찰을 얻을 수 있을 것이다.

당신은 왜 E^3MC를 추구합니까?

다른 중요한 것이 많을 텐데, 왜 E³MC입니까?

왜 공동체입니까?

왜 통합 선교입니까?

왜 일반적인 건물 중심의 교회 개척 사역을 하지 않습니까?

왜 지역사회보건선교전략*(CHE, community Health Evangelim)[10]입니까?

왜 자립과 지속 가능성을 중요하게 생각합니까?

왜 세계관입니까?

꿈과미래학교가 추구하는 핵심 가치는 무엇입니까?

당신이 꿈꾸는 하나님 나라는 어떤 나라입니까?

그 꿈은 실현 가능성이 있습니까?

질문은 생삭에서 나온다. 생각은 결과를 '낳'는다. 지신이 가지고 있는 질문이 곧 자신의 정체성이다. 우리는 질문에 대한 답을 찾아가는 사람들이다. 때로는 산티아고 같은 순례길을 걸으며 질문에 대한 답을 찾기도 하지만, 우리는 대부분 일상의 삶 속에서 답을 찾아가는 순례자다.

이것이 그리스도인의 삶이 아닐까?

만약 어떤 순례자가 이삭공동체를 방문해서 "왜 당신들은 지금 이삭공동체로 살아가고 있습니까?"

이삭공동체는 왜 E³MC를 추구합니까?

이렇게 묻는다면, 나는 이렇게 대답할 것이다.

---

10 CHE 사역은 질병 예방, 지역사회개발, 전도, 양육, 교회 개척이 함께 진행되는 통합적이고 전인적인 선교 전략이다.

"이삭공동체는 어떤 특별한 선교 운동이 아니라 그리스도인이 살아가는 일상의 삶이고, E³MC는 우리가 살아가는 삶의 원리입니다."

3. 선교는 멈추지 않는다

1) 지속 가능한 선교

앞에서 세계관이라는 주제를 중요하게 다루었는데, 성경적 세계관의 특징은 지속 가능성(Sustainability)이다. 기독교인의 관심이 종종 창조나 회복의 측면은 생략된 채, 타락이나 십자가를 통한 구원에만 집중된다. 이 땅의 것은 헛되고 의미 없는 것으로 간주하며, 영원한 천국을 소망하는 신앙만 대단한 것처럼 생각한다. 하지만, 이런 것은 온전한 믿음도, 복음도 아니다.

성경적 세계관은 모두 네 장으로 구성되어 있다.

첫째, 창조
둘째, 타락
셋째, 구속
넷째, 회복

이 네 개의 장을 모두 포함하는 복음이 성경적 세계관의 핵심 요소이고, 그 특징은 지속 가능성이다. 하나님 나라는 영원히 지속되는 나라이기 때문이다. 지속 가능성의 관점에서 개발과 선교를 생각하는 것이 중요하다.

그동안 지속 가능한 발전(Sustainable Development)이라는 말을 자주 들어 왔지만, 그것이 구체적으로 무엇을 의미하는지 설명하라고 하면 이해가 쉽지 않은 사람이 많을 것이다.

1987년 UN 세계환경개발위원회(WCED)는 보고서 『우리 공동의 미래』 (*Our Common Future*)[11]에서 지속 가능한 발전에 대해 다음과 같이 정의했다.

> 지속 가능한 발전은 미래 세대의 필요를 충족할 수 있는 능력을 저해하지 않으면서 현재의 필요에 맞추는 발전이다.[12]

간단히 말해, 우리의 자녀 세대가 살아갈 미래를 생각하며 지금의 세상을 개발하라는 말이다. UN의 특별자문관으로 새천년개발목표(MDGs)와 지속가능발전목표(SDGs) 개념을 정리한 제프리 삭스(Jeffrey D. Sachs)는 지속 가능한 발전의 관점에서 좋은 사회를 이렇게 정의한다.

> 단지 1인당 소득이 높은 사회가 아니라 사회적으로 통합되고, 환경적으로 지속할 수 있고, 잘 통치되는 사회.[13]

제프리 삭스가 말하는 좋은 사회에 하나님 나라의 관점을 적용해 보면 어떻게 될까?

아마도 인종, 성별, 빈부, 권력의 유무와 상관없이 인간 모두가 하나님의 형상을 닮은 존귀한 존재로 평등하게 여겨지는 사회일 것이다. 하나님의

---

11 한국어판은 2005년에 새물결에서 출간했다.
12 『우리 공동의 미래』(*Our Common Future*), WECD, 2005, 41.
13 제프리 삭스, 『지속 가능한 발전의 시대』(*The Age of Sustainabie Development*), 35.

정의와 공의에 기초한 나눔이 있고, 경제와 환경이 함께 지속 가능한 생태적 사회가 좋은 사회라고 정의할 수 있을 것이다. 이런 사회를 일구는 것이 지속 가능한 선교다.

지속 가능성을 이야기할 때는 단순히 지속 가능한 양태도 중요하겠지만, 그 양태가 지속될 수 있게 하는 세계관과 가치, 신념이 더 중요하다. 그런 의미에서 지속 가능한 발전은 개발 지역 외부에서 발전을 주도하는 것이 아니라 내부의 사람이 주체가 되어 자신들의 문제를 내부의 자원으로 스스로 변혁시켜 나가는 것이다.

마찬가지로 지속 가능한 선교를 위해서는 기독교가 지닌 탁월성, 즉 인간 존엄 사상과 생태주의, 가난한 자를 배려하는 희년 정신, 정의와 공의에 기초한 경제공동체 등을 실천하고 보여 주어야 한다.

2) 팩트풀니스

지속 가능한 선교를 위해 중요한 것은 무엇보다 정확한 통계에 기초하여 문제를 분석하고 문제 해결의 대안을 찾는 일이다. 이와 관련해 앞서 언급했던 『팩트풀니스』(*Factfulness*, 김영사, 2019)라는 책을 여기서 간단히 소개하고자 한다. 저자 한스 로슬링(hans Rosling)은 통계학 분야에서 세계적인 석학이다. 그는 사실에 근거한 세계관으로 심각한 무지와 싸운다는 사명을 가지고 '갭마인더재단'(Gapminder Foundation)을 세웠다. 사람의 잘못된 인식을 바꾸기 위해 평생 헌신해 온 그는 『팩트풀니스』라는 책을 집필하는 데 몰두하다가 2017년에 세상을 떠났다.

한스는 강의할 때마다 준비한 열세 개의 질문을 했다. 삼지선다형 질문이었다. 침팬지에게 질문을 던진 후 바나나에 적혀 있는 A, B, C 중에서 하나를 정답으로 집으라고 해도 정답을 고를 확률이 33퍼센트는 될 것이었다.

그런데 정말 재미있는 결과가 나왔다. 2017년에 14개국에서 임의로 약 12,000명에게 이 질문들을 던졌는데, 13개의 질문 중 기후 변화에 대한 질문을 빼면 사람들은 평균적으로 나머지 12개의 질문 중 겨우 2개만을 맞추었다. 심지어 응답자 중 15퍼센트는 빵점이었다.

그래서 그는 다시 그런 주제들에 관심이 있을 법한 고학력자들, 즉 의대생, 교사, 저명한 과학자, 언론인, 심지어 고위공직자와 노벨상 수상자 등을 대상으로 조사했지만, 그 결과는 일반 대중과 다를 바 없었다. 오히려 더 낮은 점수가 나오기도 했다.

어떤 문제인지 궁금할 것 같아 여섯 개의 질문만 아래에 소개한다. 각자 간단히 테스트해 보자.[14]

> 1) 세계 인구 다수는 어디에 살까?
>   A. 저소득 국가 B. 중간소득 국가 C. 고소득 국가
> 2) 지난 20년간 세계 인구에서 극빈층 비율은 어떻게 바뀌었을까?
>   A. 거의 2배로 늘었다 B. 거의 같다 C. 거의 절반으로 줄었다
> 3) 오늘날 세계 기대 수명은 몇 세일까?
>   A. 50세 B. 60세 C. 70세
> 4) 오늘날 전 세계 1세 아동 중 어떤 질병이든 예방 접종을 받는 비율은 몇 퍼센트일까?
>   A. 20퍼센트 B. 50퍼센트 C. 80퍼센트

---

14 한스 로슬링 외 2인, 『팩트풀니스』 (경기: 김영사, 2019), 15-16.

5) 세계 인구 중 어떤 식으로든 전기를 공급받는 비율은 몇 퍼센트일까?

　A. 20퍼센트　B. 50퍼센트　C. 80퍼센트

6) 세계 기후 전문가들은 앞으로 100년 동안의 평균 기온 변화를 어떻게 예상할까?

　A. 더 더워질 것이라 예상한다　B. 그대로일 것이라 예상한다

　C. 더 추워질 것이라 예상한다

정답) 1:B, 2:C, 3:C, 4:C, 5:C, 6:A.

몇 개 질문의 정답을 맞혔는가?

3개 이상이면 침팬지보다는 더 높은 점수를 받은 것이니 다행이고, 2개 이하면 침팬지와 같은 수준이다.

마지막 질문은 앞서 많은 사람이 정답을 맞혔다고 했던 13번 질문이다. 이상한 현상은 오답이 한쪽으로 쏠리는 성향을 보였다는 것이다. 오답이 체계적인 것은 '지식'이 '적극적'으로 잘못되었을 때만 가능하다고 한스는 말한다.

만약, 자동차의 GPS가 잘못된 정보를 준다면 어떻게 운전자를 목적지까지 데려다 줄 수 있겠는가?

만약, 정책 입안자나 정치인이 잘못된 사실에 근거해 결정한다면 어떻게 사회나 국가의 문제를 해결할 수 있겠는가?

잘못된 정보나 사실로는 합리적이고 효과적인 문제 분석이나 해결이 불가능하다. 선교의 경우도 마찬가지다. 선교사는 선교지에 관해 제대로 된 정보를 가지고 있는지 늘 점검해야 한다. 어느 선교사든지 선교지로 가기 전부터 그곳을 변화시켜 달라고 많이 기도할 것이다.

하지만, 그렇게 기도만 해서 변화된 선교지를 본 적이 있는가?

진짜로 선교지를 변화시키고 싶다면, 그보다는 유엔개발계획(UNDP), 미국국제개발처(USAID), 월드비전(World Vision), 한국국제협력단(KOICA), 일본국제협력단(JAICA) 등의 NGO 단체들 이상으로 선교지의 역사, 문화, 언어, 교육, 농업, 산업, 보건과 의료 등에 관한 통계 자료와 정보를 가지고 선교지에 관해 연구하고 분석해야 한다.

대개 선교사들은 위에서 언급한 NGO 단체들보다 재정이 든든한 것도, 인력이 많은 것도, 전문성이 있는 것도 아니다. 다만 그들보다 조금 뛰어난 것이 있다면 사명감과 헌신 정도가 아닐까 생각한다. 그렇기 때문에 그 사명감과 헌신을 가지고 NGO의 전문가들 이상의 전문성을 가지기 위해 노력해야 한다.

교회를 개척하는 데, 또는 제자 훈련 사역을 하는 데 굳이 이런 노력이 필요하겠냐고 생각하는 선교사가 있을 수도 있다. 하지만, 그렇지 않다. 꼭 필요한 노력이다.

선교지가 속한 국가가 나가고자 하는 발전 계획과 미래 비전을 모르고서 어떻게 그곳의 평신도 지도자를 키우고, 나아가 목회자를 양성할 수 있겠는가?

선교지 국가의 과거와 현재와 미래는 통계를 통해서 정확히 알 수 있다. 선교사와 선교지 국가는 나아가야 할 미래 방향과 전략에서 같은 방향을 바라보고 있어야 한다. 나아가 만일, 선교지 국가가 미래 방향을 제대로 잡고 있지 못하고 있다면 선교사가 올바른 선교 전략을 통해 대안과 방향을 제시할 수 있을 것이다. 혹자는 선교사가 UN에서 파견되거나 세계은행

(World Bank)[15]에서 후원을 받는 것도 아닌데 어떻게 이런 큰 그림을 그릴 수 있겠냐고 회의적으로 생각할 수도 있다.

많은 이가 "어벤져스도 아니고 내가 무슨 나라를 구하거나 세계를 구하는 일을 할 수 있겠느냐"고 묻는다.

맞는 말이다. 나로서는 할 수 없다. 하지만, 나는 거꾸로 질문하고 싶다.

하나님 나라를 생각해 보았는가?

하나님의 창조와 인간에게 선물로 주신 문화명령 그리고 하나님의 통치와 회복과 완성의 이야기를 진심으로 믿고 있는가?

하나님께서는 사람을 태초의 천지 창조와 말세의 하나님 나라 완성이라는 대하드라마에 주연급 조연으로 캐스팅하셨다.

하나님 나라를 살아가는 나와 우리의 이야기는 이미 (already) 임한 하나님 나라라는 큰 그림 위에 놓여 있다. 하나님 나라는 하나님의 통치를 믿는 사람들의 이야기들이 모여 만들어진 퍼즐이다. 물론, 아직 (not yet) 완성된 퍼즐은 아니지만, 우리 각자가 지닌 이야기라는 퍼즐 조각들을 마땅히 놓아야 할 자리에 놓을 때 아름다운 퍼즐 그림이 완성될 것이다.

퍼즐 조각들을 제자리에 잘 놓으려면 각 퍼즐 조각의 세부적인 모양도 볼 수 있어야 하지만, 동시에 퍼즐 조각들이 구성하는 큰 그림도 볼 수 있어야 한다. 퍼즐 조각들이 완성하는 큰 그림은 퍼즐 상자를 보면 알 수 있다. 완성된 그림을 자세히 관찰할수록 퍼즐을 완성하기가 용이하다.

물론, 완성된 큰 그림을 보고 나서는 퍼즐 조각들의 세부적인 부분도 관찰해야 한다. 색깔도 보고, 모양도 보며 이리저리 맞춰 봐야 한다. 퍼즐 조각들끼리의 모양과 색의 연계도 중요하다. 이때 필요한 것이 통합하고 융

---

15 국제부흥개발은행(IBRD)과 국제개발협회(IDA)를 합쳐서 부르는 명칭으로, 저소득 국가의 경제·사회 개발을 위한 장기 자금 융자 등의 지원을 한다.

합하는 능력이다.

선교 또한 마찬가지다. 선교사의 삶과 사역이라는 퍼즐 조각이 하나님 나라의 큰 그림과 잘 맞아야 한다. 그러기 위해서는 무엇보다 하나님 나라의 속성을 잘 이해해야 한다. 세속적 세계관이 아니라 성경적 세계관에 기초한 삶과 사역이라는 퍼즐 조각들을 잘 준비하고, 그 위에 정확하고 다양한 통계 데이터에 기초한 지속 가능한 사역을 디자인할 때, 비로소 선교사의 퍼즐 조각이 완성된다.

그런 의미에서 선교사가 진행하는 사역이라는 퍼즐 조각과 섬기는 선교지 국가의 정책이라는 퍼즐 조각을 하나님 나라라는 큰 그림 위에 올려놓는 것이 선교사의 중요한 미션(mission)이다.

나의 이야기와 우리의 이야기들이 하나님 나라를 완성하는 소중한 퍼즐 조각이 된다는 것이 감격스럽지 않은가?

미션은 특별한 임무가 아니라 삶이라고 한 것처럼, 지속 가능한 가치와 세계관은 세계 선교에만 필요한 관점이 아니라, 일상의 삶을 살아가는 그리스도인의 기본 철학이 되어야 한다. 복음의 본질을 바르게 이해하면, 성경 전체에 흐르는 통합성과 지속 가능성 그리고 온전성을 이해하게 될 것이다. 나아가 창조와 전적 타락 그리고 십자가로 인한 총체적 구원과 하나님 나라가 임하고 하나님의 뜻이 하늘에서 이룬 것처럼 땅에서도 이루어지는 총체적 회복과 완성을 경험하게 될 것이다.

3) 지속가능발전목표(SDGs)

UN청년봉사단(UNV)이나 미국평화봉사단(Peace Cops)도 아닌데, 새천년개발목표(MDGs, millennium Development Goals)나 지속가능발전목표(SDGs,

Sustainable Development Goals)를 왜 여기서 다루나 싶을 것이다.

앞에서 짧게 언급했지만, 하나님 나라는 영원히 지속 가능한 나라의 최고 모델이다. 하나님 나라만큼 지속 가능한 모델도 없지만, 정작 UN이나 국제개발 영역에서 하나님 나라 개념을 이야기하면, 말도 안 되는 소리를 하는 이상한 사람이라고 취급받을 것이다. 그래서 국제개발 영역에서는 서로 개념이 통하는 용어를 사용할 필요가 있다.

이전에 경기도 공적개발원조(ODA)[16] 사업에서 이삭공동체 사업이 선정되어 자금을 지원 받은 경험이 있었다. 공적개발원조 사업에 선정되기 위해서는 상당한 분량의 제안서를 작성하여 제출해야 한다. 그런데 제안서를 작성하려면 새천년개발목표(MDGs)나 지속가능발전목표(SDGs) 개념을 반드시 알아야만 한다.

이런 개념을 모르면 제안서를 작성할 수 없다. 선교지에서 선교사가 진행하는 선교적 개발 사역과 UN 사업의 방향성이 같으면 제안서를 작성하기가 용이해진다. 적어도 같은 언어를 사용해야 같이 일하기 쉬운 것과 같은 이치다.

그뿐만 아니라, 선교적 개발 사역이 최소한 객관적인 평가를 받을 좋은 기회가 되고, 여기서 좋은 평가를 받으면 공적개발원조나 국제개발기구의 지원을 받을 수 있는 기회를 얻게 된다. 물론 지원을 받는 데서 오는 문제점도 있지만, 그것은 지금 여기서 다룰 주제는 아니다.

선교지의 선교 사역도 투입된 자원과 산출된 성과를 정규적인 양적, 질적 수치로 변환하여 평가 받아야 한다. 물론, 그러한 수치로 측정되지 않는 사역도 많다. 그럼에도 불구하고 선교 사역은 자체적으로든 다른 기관을

---

16 Official Development Assistance: 선진국의 개발도상국에 대한 정부 개발 원조.

통해서든 정확하게 평가 받아야 건강해진다.

　비록 국제개발협력기구에서 요구하는 평가와 같지는 않더라도, 상황적 공생 사역 모델처럼 선교사 자신을 포함한 공동체와 선교 사역의 신체적, 사회적, 정신적, 영적 영역의 점검 및 평가와 멘토링이 꼭 필요하다.

　새천년개발목표는 UN에서 2000년에 채택된 의제로, 2015년까지 세계의 빈곤을 반으로 줄인다는 내용을 담고 있다. 그것이 추구하는 여덟 개의 목표는 절대 빈곤 및 기아 근절, 보편적 초등 교육 실현, 양성평등 및 여성 능력의 고양, 아동 사망률 감소, 모자 보건 증진, 에이즈(AIDS), 말라리아 등 질병 예방, 지속 가능한 환경 확보, 개발을 위한 글로벌 파트너십 구축이다.

　새천년개발목표는 경제 성장 중심에서 사회적 개발 중심으로 개발의 패러다임을 전환하는 데 크게 기여했다. 그리고 빠른 속도로 빈곤 문제를 해결했을 뿐 아니라 국제사회개발 문제를 이슈화하는 데도 성공했으며, 개도국과 선진국의 파트너십을 강조하는 데서도 큰 성과를 거두었다.

　캄보디아도 새천년개발목표 평가에서 우수한 성적표를 받은 나라들 중 하나로, 새천년개발목표의 핵심 목표인 절대 빈곤의 근절을 반절이나 달성한 국가가 되었다.

　지속가능발전목표는 2000년부터 2015년까지 시행된 새천년개발목표를 종료하고, 2016년부터 2030년까지 새로 시행되고 있다. 이는 '지속 가능한 지구의 발전'을 위한 국제적인 약속으로, '현재를 살아가는 우리의 필요를 채우면서도 미래 세대가 자원을 사용하고 성장할 수 있도록 하자'라는 지속 가능한 발전의 개념을 구체화하여, 2015년에 세계 유엔 회원국들이 모여 인류의 보편적 문제(빈곤, 질병, 교육, 성평등, 난민, 분쟁 등)와 지구 환경 문제(기후 변화, 에너지, 환경 오염, 물, 생물다양성 등), 경제 사회 문제(기술, 주거, 노사, 고용, 생산 소비, 사회 구조, 법, 대내외 경제 등)를 해결하기 위해 2030년까지 17개의 주목표와 169개의 세부 목표로 나누어 이를 이행하자고 결의한 국제사회 최대의 공동 목표다.[17]

지속가능발전목표와 새천년개발목표는 적용 대상 국가에서 큰 차이가 난다. 새천년개발목표는 개발도상국을 중심으로 UN이 빈곤 반감을 주목표로 진행한 것인데 반해, 지속가능발전목표는 개발도상국뿐만 아니라 저개발 국가와 선진국 등 모든 국가가 참여해 지속 가능한 발전을 주목표로 진행한 것이다. 또 한 가지 차이점은 새천년개발목표는 전문가와 관료만 참여하는 정부 주도의 개발이지만, 지속가능발전목표는 정부, 시민 사회, 민간 기업 등 다양한 주체가 참여해 진행하는 개발이다.

선교사가 파송된 대부분의 국가에는 2030년까지 지속가능발전목표의 목적을 달성하기 위한 계획과 실천에 필요한 모든 프로토콜이 준비되어 있다. 그래서 지속가능발전목표가 지향하는 주목표와 세부 목표들을 잘 이해하고 숙지하는 것이 중요하다.

또한, UN의 지속가능발전목표를 기본적으로 이해하고, 그 위에서 현재 각 정부 산하에 있는 지속가능발전목표 국가별 위원회가 지닌 구체적인 지속 가능한 발전 계획을 중심으로 선교 전략을 고려해야 한다. 만약 그렇지 않고 선교 전략이 선교지 국가가 가진 비전과 전혀 상관없는 방향으로 수립된다면, 국가 차원에서 볼 때 선교사의 선교 전략은 무용지물이 된다.

지속가능발전목표에 교육 분야가 있고, 선교사 또한 교육 사역을 많이 한다는 점을 감안해서, 교육 분야를 예를 들어 생각해 보자. 교육은 백년지대계(百年之大計)라고 한다. 미래의 백 년을 설계하는 것이 교육이다. 하루

---

17 https://sdgs.un.org/와 http://www.sdkorea.org/ 참고하면 구체적 내용을 알 수 있다.

가 다르게 급변하는 세계 속에서 백 년을 준비하는 것은 쉬운 일이 아니다.

『명견만리』(明見萬里, 인플루엔셜, 2019)라는 책에서 미래학자 리처드 B. 풀러(Richard B. Fuller)가 발표한 바에 따르면, 현재 인류의 지식 총량이 두 배로 증가하는 데는 겨우 13개월이 걸리며 그 주기는 점점 더 짧아진다고 한다. 제2차 세계 대전 이전에는 인류의 지식 총량이 두 배 증가하는 데 100년이 걸렸다.[18] 그런데 전문가들은 앞으로 이 주기가 최대 12시간으로 단축될 것이라고 말하기까지 한다. 그야말로 지식의 빅뱅이다.

우리가 잘 아는 248년의 전통을 가진 『브리태니커 백과사전』은 2010년에 인쇄본 발매를 중단했다. 지식의 양이 아니라 세상의 변화를 읽어내고 필요할 때 원하는 지식을 찾아내어 활용할 수 있는 능력이 더 중요하기 때문이다. 이러한 능력을 기르는 키워드는 다름 아닌 '생각'이다. 다시 강조하지만, 생각은 결과를 낳는다.

12시간마다 지식의 총량이 두 배로 변화되는 그런 미래 세상에 대한 구체적인 시나리오 없이 교육 선교를 한다는 것은 위험한 일이다. 선교사는 미래 사회가 요구하는, 곧 생각하는 힘을 키우는 교육에 관해서 잘 숙지하는 한편, 이것을 기독교 교육이라는 패러다임에서 새롭게 해석하고 적용하고자 노력해야 한다. 그러면 거기서 두 가지 교육이 만나는 접점을 발견하게 될 것이다. 그중에서도 지속가능발전목표는 급변하는 세계 속에서 지속 가능성이라는 화두를 잊지 않도록 해 주는 좋은 길라잡이가 될 것이다.

---

18 KBS 명견만리 제작팀, 『명견만리 (미래의 기회편)』 (서울: 인플루엔셜, 2016), 5.

4) 통계를 알면 선교가 보인다

앞에서 지속 가능한 발전이라는 주제가 어떻게 선교적 삶과 융합될 수 있을지를 생각해 보았다. 지속 가능한 선교는 지속 가능한 생각과 가치, 세계관에서 출발한다. 단순히 기도하고, 묵상하고, 회의 몇 번 하는 것으로 선교의 방법과 방향을 결정해서는 안 된다.

그 이유를 설명하기 위해 나는 『팩트풀니스』를 소개했다. 이 책의 저자인 한스는 우리가 얼마나 잘못된 편견을 가지고 있는지를 보여 주었다. 편견으로 정답을 선택할 확률은 침팬지가 정답을 선택할 확률보다도 낮았다. 사실이 아니라 잘못된 정보에 기초한 세계관은 현실과 실재를 왜곡한다. 심지어 잘못된 정보와 지식은 인간의 본능까지 왜곡한다.

이런 왜곡을 피하고 바른 정보에 근거한 사역을 하기 위해서라도 선교사는 올바른 통계 자료와 UN을 비롯한 국제사회가 합의하여 만든 지속가능발전목표를 자세히 살피고 연구해야 한다. 지속 가능한 개발은 국제개발협력 분야에만 필요한 것이 아니라 미래 세대를 준비하는 선교에 꼭 필요한 개념이다.

그렇다면 선교지 국가에서 구체적인 사역지를 어떻게 결정하고 사역의 방향을 어떻게 디자인해야 할까?
매일 '땅 밟기'를 하거나 기도하는 중에 감동이 오면 사역지로 결정해야 하는가?
아니면 마을을 다니다가 십자가가 안 보이면 무작정 그곳을 사역지로 정해야 하는가?
사역의 방향은 또 어떻게 결정해야 하는가?

자신에게 가장 익숙한 방향이나 파송 교회 또는 파송 단체가 원하는 방향에 따라 결정해야 하는가?

아니면 선임 선교사가 제안하는 방향에 따라 결정해야 하는가?

선교지에서는 텍스트보다 컨텍스트가 더 중요하다. 또한, 선교사보다 현지인이 중심이 되어야 한다. 따라서, 선교사가 원하는 것이 아니라 선교지가 원하는 것이 우선되어야 하며, 한국 교회가 원하는 것이 아니라 현지 교회가 원하는 것이 우선되어야 한다. 선교지가 원하는 것을 잘 알기 위해서는 영적 지도 제작 작업도 필요하지만, 그보다 먼저 필요한 것이 현실 정보 조사 작업이다.

따라서, 선교사의 '땅 밟기'는 영적 전쟁을 선포하는 단순한 기도가 되어서는 안 된다. 혹시라도 이런 식의 땅 밟기를 하는 선교사가 있다면 제발 그만두기를 당부한다. 그보다는 정부가 만든 공식적인 통계 자료와 정보를 바탕으로 인구, 경제, 교육, 문화, 종교, 산업, 보건 등을 충분히 조사하는 것이 훨씬 중요하다.

안타깝게도 기독교 세계관에 기초하고 정확한 통계 자료에 근거한 지속 가능한 통합 선교 모델은 우리 주변에서 찾아보기가 어렵다. 그래서 나는 비록 이삭공동체에 국한된 경험이기는 하지만, 지난 6년 동안의 지역사회 보건선교전략 사역을 간략하게 소개하고자 한다. 즉, 어떻게 마을을 선정하고, 무엇을 중심으로 사역을 진행했는지 나누려고 한다.

그 모든 사역의 방향은 E^3MC, 즉 지속 가능한 생태적 경제와 교육이 함께 어우러진 공동체 선교였다. 이것은 단순히 선교의 원리만이 아니라 궁극적으로 삶의 원리이기도 하다.

이는 노하우(Know How)가 아니라 노와이(Know Why)를 추구하는 삶, 팩트풀니스에 기초한 바른 질문에 대답하는 삶이다.

나는 2000년 11월에 처음 캄보디아에 도착해서 캄보디아의 유일한 서점이라고 할 수 있었던 모뉴먼트(Monument) 서점과 캄보디아 계획부(Minisrty of Planning)와 CCC(Cooperation Committee for Cambodia)를 찾아갔다. 서점과 계획부에서 구입한 것은 각 도별 지도와 유엔개발계획이 후원하고 캄보디아 계획부가 발간한 인구사회통계 자료였다. CCC는 캄보디아에서 활동하고 있는 NGO 연합 단체로 캄보디아에서 어떤 NGO가 어떤 활동을 하는지에 관한 자료를 책으로 만들어 놓고 있었다. 그 책으로 캄보디아에서 활동하고 있는 모든 NGO에 대한 정보 수집을 한 방에 해결한 셈이 되었다. 심지어 NGO 대표의 전화번호까지 다 나와 있는 자료도 얻을 수 있었다.

또 하나의 횡재는 뚤뚬뿡 시장 내의 작은 서점에서 UNDP가 만든 각 도(道, province)별 상세 지도를 살 수 있었다는 것이다. 지금처럼 인터넷으로 검색할 수 있는 자료가 거의 없던 시기에 나는 아주 만족할 만한 자료들을 구할 수 있었다. 그런 다음 구한 자료들을 읽고 분석하고 현장을 찾아가고 인터뷰를 시작했다. 이렇게 통계 자료를 분석하고 다양한 NGO와 현지 교회의 지도자들을 만나면서 나는 원래 가지고 있었던 선교 사역의 큰 그림을 현지 상황에 맞게 조정할 기회를 얻을 수 있었다. 이 모든 과정으로 시간을 보낸 후, 나는 내가 있어야 할 곳은 도시가 아니라 농촌이라고 결론지었다.

일반적으로 개발도상국가의 경제 사회적 발전 정도를 분석하는 기본 지표는 '전기'와 '물'과 '화장실'이다. 즉, 전기를 사용하는 방식 그리고 식수로 빗물, 저수지, 우물, 수돗물 중 무엇을 사용하는지를 알면 그 사회의 대략적인 경제 수준을 알게 된다.

나는 이와 같은 조사를 거쳐 따게오도(道)를 선정했고, 다시 같은 방식으로 따게오도에 있는 마을들에 관해 세부적인 조사를 진행했다.[19] 다섯 명의 직원이 네 개의 마을을 선정하기 위해 3개월 동안 설문지를 들고 뜨리어면(面, commune)에 있는 11개 마을을 돌아다녔다. 그때 방문하여 인터뷰를 진행한 가구 수가 마을 전체의 25퍼센트나 되었다.

나는 인터뷰 자료를 분석하면서 마을마다 지닌 문제점들을 알게 되었고, 이를 해결할 수 있는 대안을 찾기 위해 지역사회의 지도자들을 초청해 조사 자료 발표회를 진행했다. 이로써 마을의 지도자들과 함께 지역사회보건선교전략 프로그램이 꼭 필요한 네 개의 마을을 선정할 수 있었다.

이후 6년 동안 지역사회보건선교전략 프로그램이 진행되었고, 결과는 만족스러웠다. 더 자세한 내용은 지역사회보건선교전략 프로그램을 설명할 때 나누도록 하겠지만, 이로써 나는 철저한 지역 조사와 인터뷰를 통해 마을의 문제를 찾아내고 마을 사람들의 우선적인 관심사를 찾아내는 작업이 얼마나 중요한지를 다시 한번 깨닫게 되었다.

나는 앞에서부터 세계관의 중요성을 계속 이야기해 왔다. 바른 세계관을 가지기 위해서는 바른 기초 자료가 필요하다. 기초 자료가 우리의 세계관에 영향을 미친다. 가짜 뉴스에 계속 노출되면 잘못된 세계관을 형성하게 되고, 잘못된 믿음과 가치관을 만들어 잘못된 행동을 하게 된다.

따라서, 정보의 '팩트풀니스', 곧 사실에 충실한지가 매우 중요하다. 바른 통계와 정보에 기초한 사회과학적 조사는 비단 논문을 쓸 때만 필요한 것이 아니다. 선교를 비롯해 모든 정책을 결정하는 데 가장 기본이 된다.

---

19 김기대, "지속가능한 생태론적 통합선교에 관한 연구"(MIdwest University 박사 학위 논문, 2014), 203-209.

그리스도인이 일상에서 일어나는 모든 일을 사실에 기초한 통계와 기독교 세계관에 기초한 통합적 관점으로 볼 수만 있다면, 세계의 모든 선교지는 물론이고 오늘날 한국 교회와 한국 사회를 더 건강한 방향으로 만들어 갈 수 있을 것이다. 그리스도인은 역사적 사실에 대한 최소한의 상식을 갖추고, 바른 통계 및 사회과학적 분석의 틀에 따라 참과 거짓을 분별하고, 최종적으로 무엇이 하나님의 말씀에 부합하는지를 판단할 수 있어야 한다.

안타깝게도 오늘날 교회가 가짜 뉴스의 온상이 될 때가 많다. 성도 각자가 지닌 정치적 성향과 그에 대한 편향성 때문에 정확한 사실이나 성경 말씀에 기초하지 않은 거짓 정보를 받아들이는 경우가 많다. 우리는 이것을 절대 가볍게 여겨서는 안 된다. 그리스도인은 끊임없이 진리의 터 위에 서기 위해 노력해야 한다. 이것이 한국의 역사와 사회에 대한 한국 교회의 책무다.

5) 지역사회보건선교전략

선교사가 지닌 세계관이 그의 사역과 삶의 방향을 결정한다. 선교사가 어떤 생각을 하고 있느냐에 따라 그 선교지 역시 달라진다. 대부분의 선교지는 하얀 도화지 같은 곳에 선교사가 처음으로 그림을 그리는 곳이다. 아무것도 없는 하얀 도화지 위에 어떤 그림을 그려야 할지 생각하면 긴장되고 설렌다. 다른 한편으론 두렵기도 하다. 내 생각이 하얀 도화지 위에 그림으로 나타날 것이기 때문이다.

선교사의 생각이 온전한 복음에 기초하면 선교지 역시 온전하고 통합적인 결과를 나타낼 것이지만, 그렇지 않고 선교사의 생각이 이원론에 기초한다면 선교지 역시 이원론으로 분열된 결과를 나타낼 것이다.

캄보디아에 오기 전부터 가졌던 간절한 소망은 하나님 나라를 눈으로 보고, 손으로 만지고, 마음으로 느끼는 것이었다. 나아가 이런 하나님 나라가 "너희 안에 이미 임했다"고 하셨던 말씀이 실제로 선교지의 공동체에 하나님 나라가 임하는 것을 보고 싶었다. 그래서 관심을 가진 것이 지역사회보건선교전략(Community Health Evangelism, CHE) 프로그램이었다.

이를 위해 1999년에 처음으로 지도자 훈련(Training of Trainer, TOT) 과정을 밟았다. 당시 이 프로그램을 개발하고 교육했던 단체의 이름은 국제의료대사선교회(MAI)라는 곳으로 미국에 본부를 두고 있었다. 이 단체는 현재는 국제 CHE네트워크(Global CHE Network)가 되어 통합적인 기독교지역사회개발을 프로그램을 개발하고 훈련하고 있다.[20]

지역사회보건선교전략 프로그램의 핵심 가치는 다음과 같다.[21]

첫째, 통합성과 총체성
둘째, 가난한 자를 향한 헌신
셋째, 장기적인 관점으로 문제를 해결하려는 노력
넷째, 지역주민이 주체가 되고 주인 의식을 가지는 것
다섯째, 모든 배움은 실제적인 참여라는 것
여섯째, 개인과 마을을 제자화하는 배가 운동
일곱째, 섬기는 리더십
여덟째, 상황을 중시하는 토착화

---

20 www.chenetwork.org
21 https://chenetwork.org/learn-the-strategy/che-core-values/에서 CHE 프로그램의 핵심가치가 정리되어 있다.

지도자 훈련 과정을 밟는 동안 이와 같은 지역사회보건선교전략의 핵심 가치가 내 마음을 설레게 했다. 어쩌면 지금까지 내가 추구해 왔던 통합 선교, 또는 하나님의 선교에 대한 모든 것이 여기에 다 모여 있는 것이 아닐까 하고 생각하게 되었다.

그런데 더 흥분되는 것은 이미 지역사회보건선교전략 프로그램이 아프리카를 비롯해 세계 곳곳의 많은 나라들에서 성공적으로 진행되고 있다는 사실이었다. 더군다나 이 모든 훈련 프로그램에 대한 설명서가 제작되어 있고, 그래서 누구나 이 설명서를 활용하면 지역사회보건선교전략 프로그램을 실행할 수 있었다. 이런 지역사회보건선교전략을 처음 접했을 때, 나는 이 세상을 변혁시킬 수 있는 가장 강력한 무기를 가지게 되었다는 생각으로 크게 들떴다. 정말이지 하나님께서 주신 가장 큰 선물이었다.

언어 훈련 등을 위한 3년간의 준비 기간이 2003년 7월로 모두 끝나고, 비로소 지역사회보건선교전략에 따라 마을 주민들을 훈련 시킬 훈련팀을 구성했다. 한 명은 농업 분야, 한 명은 보건 분야, 한 명은 교육 분야, 한 명은 영적 분야를 담당했다. 감사하게도 우리보다 2년 앞서 하나님의성회(Assemblies of God, AOG) 안에 있는 AIC(Action in Cambodia)라는 단체가 이미 지역사회보건선교전략 프로그램을 진행하고 있었고, 또 언어를 배우는 중에 필리핀에서 지역사회보건선교전략 프로그램을 이용하여 사역한 경험이 풍부한 필리핀인 의사 부부를 만나게 되어 많은 도움을 받을 수 있었다.

이렇게 훈련팀이 준비된 후 2003년 9월부터 11월까지 뜨리어면에 있는 10개의 마을에서 설문 조사를 한 뒤 최종적으로 네 개의 마을을 선정하였다. 설문 조사에는 다양한 질문들을 포함시켰다. 주민들의 참여 의지, 가구의 월평균 소득과 지출, 지출 중 의료비 지출의 비중, 자녀 수, 가장의 문맹률, 질병 유형, 설사의 원인, 빚의 규모, 농사 규모, 화장실 유무, 식구 공급원, 전기 등에 관한 질문들이었다.

　이런 질문들로 설문 조사를 한 뒤 그 결과를 점수로 환산하여 지역사회보건선교전략 프로그램이 가장 성공할 수 있는 네 개의 마을을 선정했고, 각 마을에서 선거를 통해 네 명의 마을개발위원회 위원을 뽑았다. 마을개발위원회는 훈련팀에서 교육을 받은 후 마을에서 실질적인 자원봉사자로 일할 수 있는 일곱 명의 CHE worker를 뽑았다.

　이들은 다시 훈련팀에서 교육을 받고, 여기서 배운 주제들을 마을 주민들에게 가르쳤다. 우리는 이것을 '재생산'이라고 불렀다. 가르치는 내용은 주로 지역사회보건선교전략의 기본 원리와 농업과 보건 및 위생과 관련한 주제들이었다. 물론, 간혹 도덕적인 주제도 포함되었다. 그러다가 만약 CHE worker 자원봉사자가 그리스도인이 되면 그에게 자연스럽게 복음을 나눌 수도 있었다.

　지역사회보건선교전략 프로그램이 진행되는 동안 마을에서는 다양한 일들이 진행되었다. 비록 눈에 보이는 공장 건물들은 없었지만, 마치 공장이 돌아가는 것처럼 집에서 가내 수공업이 진행되었다. 15-30명의 동네 주민이 모여 옷에 구슬을 다는 일이었다. 300명 이상의 사람들이 여러 곳으로 나뉘어져서 일했다. 이 가내 수공업으로 3년간 총 33만 달러를 벌었다. 개인의 경우에는 적게 버는 사람은 한 달에 10달러, 많이 버는 사람은 60달러에서 70달러를 벌었다. 개인이 30달러를 벌면 1달러씩 기부해 마을을 위한 공익기금을 조성했다. 이로 말미암아 마을에서 돈이 없어 자녀를 학교에 보내지 못하는 일이 줄어들었다.

　지역사회보건선교전략 훈련팀장이었던 싸룬 형제는 다음과 같이 말한다.

소득 증대 사업을 위한 가내 수공업을 통해 많은 것을 깨달았다. 처음에는 CHE 훈련팀이 공장 직원인지 CHE 훈련팀인지 모를 정도로 이 사업을 위해 집중했다. 그렇게 하지 않으면 농사 외에는 경험이 없는 농촌 부녀자들이 성공적으로 일할 수 없었을 것이다. 전기 없는 마을에서 낮에는 모내기 하고, 밤에는 모여 12시까지 옷에 구슬을 다는 수작업을 했다. 공장일은 정해진 시간 안에 유럽으로 수출해야 했고, 모심기 또한 때를 놓치면 안 되는 일이었기 때문에 농민들이 처음으로 야간작업을 했다. 일반적으로는 불가능한 일이었다. 아무리 돈을 많이 준다고 해도 있을 수 없는 일이었다. 그러나 면장님과 마을 지도자들이 격려하고 농민들이 협력함으로 이런 일들이 가능할 수 있었다. 그래서 더욱 신뢰를 쌓을 수 있었다. 1년이 지난 뒤에는 모든 일이 마을 사람에게 이양되었다. 지금은 다른 공장들과 연계해 더 많은 일을 하고 있다. 이것이 지속 가능한 개발이라 생각한다.[22]

한 번도 농사 외에는 돈을 벌어보지 못한 사람들이라 번 돈을 잘 사용하도록 격려하고 교육했으며, 저축하거나 돈이 필요한 사람은 대출할 수 있도록 마을 신용 협동조합을 만들었다. 운영에 필요한 내규는 훈련팀에서 만들어 주었다. 각 마을은 투표를 통해 조합장과 임원을 선출해 조합을 운영했다. 마을 사람들이 스스로 만들어 운영하는 조합이었기 때문에 대출 상환도 사고 없이 잘 운영되었다.

신용 협동조합이 5년이 되었을 때 조합원들 중 한 사람이 간증한 내용이 내게 큰 위로가 되었다.

---

22 김기대, <지속가능한 생태론적 통합선교에 관한 연구>, 207.

만약 우리 마을에 우리가 직접 신용 협동조합을 만들지 않았다면, 우리 마을도 다른 마을처럼 은행이 들어와 농지를 담보해 대출했을 것이고, 그로 인해 무농지 농민이 많이 생기고, 마을 경제가 어려워졌을 것이다. 그런데 우리 마을은 우리가 스스로 만든 조합을 통해 마을을 지키고, 주민들을 가난으로부터 보호할 수 있었다.

놀라운 사실은 6년 동안의 CHE 프로그램이 끝난 이후에도 신용 협동조합이 계속 진행되고 있다는 것이다. 프로그램이 진행된 네 개의 마을 중 세 개의 마을에서 신용 협동조합이 16년이 지난 지금까지 계속 운영되고 있다. 가내 수공업도 마찬가지이다. 먹고 사는 데 필요한 생업과 관련된 일은 지속 가능했다.

그리고 지속 가능했던 또 다른 일이 있었는데, 바로 유치원과 교회다. 기치와 교육과 관련된 일들 또한 지속 가능했다.

그동안 많은 NGO가 마을에서 프로젝트를 진행했지만, NGO가 떠나고 나면 프로젝트도 곧바로 없어지곤 했다. 왜냐하면, 대부분의 프로젝트들이 외부인이 주체가 되어 외부의 자원으로 외부의 일을 해 왔기 때문이다. 따라서, 지속 가능한 개발이 되기 위해서는 마을 사람들이 주체가 되어 내부의 자원으로 자신들의 문제를 주체적으로 해결할 수 있도록 이끌어야 한다.

사실 지역사회보건선교전략 프로그램에서 가장 중요한 것은 프로그램을 인위적으로 움직이거나 계획된 펀드를 통해서 안정적으로 진행하는 것이 아니다. 그보다 중요한 것은 다름 아닌 성령님께서 역사하기를 계속 기도하는 것이다.

또한, 조급한 마음으로 지역사회보건선교전략 프로그램을 총체적 선교의 구색을 갖추는 차원으로나, 단순히 교회 개척과 전도를 위한 도구적 차원으로 이해할 경우, 이를 통해 진정한 의미에서 하나님 나라를 경험하는 것은 매우 어렵게 된다. 그보다는 온전한 복음의 기초 위에 세워진 기독교 세계관과 통합 선교에 대한 바른 이해, 곧 영성과 전문성이 함께할 때 비로소 열매를 맺을 수 있다.

지역사회보건선교전략은 교회가 없는 마을에만 적용 가능한 프로그램이 아니다. 교회가 있는 마을에도 지역사회를 잘 섬기고 싶은 교회들이 있다면, 그 마을에서 교회가 주축이 되어 지역사회보건선교전략 프로그램을 활용할 수 있고, 실제로 활용하는 교회들이 많다.

나아가 이는 비단 선교지에서만 아니라 한국 교회나 한국 사회에서도 얼마든지 활용할 수 있다. 한국 교회와 사회에서 제자 훈련이 지닌 한계를 극복하고 지역사회보건선교전략 프로그램을 통해 지역사회를 통합적으로 섬길 수 있다. 때문에 현재 한국 교회에서도 지역사회보건선교전략 프로그램을 활용하여 지역사회를 섬기는 교회가 조금씩 생기고 있다. 도시든 농촌이든 상관없이 말이다.

한국 교회에서 지역사회보건선교전략 프로그램으로 지역사회를 섬기는 경험을 할 수 있다면, 선교사에게 이보다 더 좋은 통합적 선교 훈련은 없을 것이다. 왜냐하면, 교회가 온전한 복음으로 지역사회와 이웃을 섬길 때 총체적 변화가 일어날 것이기 때문이다.

제2장

공동체적 통합 선교

1. 생태적 경제공동체

1) 선교지에서 생태적 경제로 살아가기

오래전 『생태주의자 예수』(나무심는사람, 2003)라는 책을 감동적으로 읽은 기억이 난다. 저자 프란츠 알트(Franz Alt)는 예수님을 신학의 관심거리로서가 아니라 시냇물, 들판, 태양, 바람 그리고 모든 생명과 사랑에 빠져 피조물과 하나 된 삶을 살았던 분으로 그리고 있다. 모든 생명과 사랑에 빠졌던 생태주의자 예수께서 경제를 바라보는 관점이 '생태적 경제'(Ecological Economics)가 아닐까 생각해 본다.

그렇다면 생태주의자 예수께서는 어떤 관점으로 경제를 보셨을까?
예수님께서 돈이 필요하셨을까?
그래서 예수님도 돈 걱정을 하셨을까?

공생애 중의 예수님께서는 당연히 돈이 필요하셨겠지만, 돈 걱정을 하지는 않으셨을 것이다. 일용할 양식을 하나님께 구하라고 하셨고 내일 일을 오늘 걱정하지 말라고 하신 예수님께서 생활비나 노후 자금을 염려하지 않으셨을 것은 분명하다.

단순히 신적 능력을 갖춘 하나님의 아들이시기 때문이 아니다. 그분께서는 전지전능하신 하나님의 아들이시지만, 때로는 머리 둘 곳이 없으셨다. 예수님께서는 너무 시장하신 나머지, 무화과 열매가 열리는 철도 아닌데 열매가 없다며 무화과나무를 향해 역정을 내기도 하셨던 인간 예수님이셨다.

예수님께서는 모세의 율법에서 가장 큰 계명이 무엇이냐는 질문에 이렇게 대답하셨다.

첫째, 하나님 사랑
둘째, 이웃 사랑

하나님 사랑과 이웃 사랑이 가장 큰 계명이라고 믿고 살아가는 사람에게 돈은 다른 특별한 의미가 되지 않는다. 돈은 하나님 사랑과 이웃 사랑에 필요한 수단, 그 이상이 아니다. 돈으로 자아를 실현하고, 돈으로 행복해지고, 노후와 인간의 행복을 위해 돈을 벌고 쌓으라는 말은 성경 어디서도 찾을 수 없다.

자신을 위해 먹고 마시고 입는 것이 중요한 만큼, 이웃의 먹고 마시고 입는 것도 중요한 것을 기억해야 한다. 생태(ecology)와 경제(economics)의 단어가 집(oikos)이라고 하는 단어에서 파생된 것처럼, 경제는 독과점이나 승자독식이 아니라, 모든 것과 조화와 공생을 이루는 생태적 의미를 내포하고 있다. 이것이 성경에서 말하는 온전한 경제의 의미라고 생각한다. 그리스도인이 지키고 실천해야 할 첫째 되는 계명인 하나님 사랑과 이웃 사랑을 위해 돈을 벌고 돈을 사용하는 것이 생태적 경제의 본질이다.

나는 경제에 대해서 문외한이다. 비즈니스 경험도 없었다. 또한, 자본주의 사회에서 생존하기 어려운 가치관으로 삶을 살아왔다. 선교지로 나오기 전에는 대학생 때부터 민들레공동체에서 초대교회처럼 무소유 공동체의 삶을 살았다. 동물병원 운영을 제외하고는 선교 단체와 공익 NGO에서 무급 간사로서 일했다.

이런 삶의 배경이 있으니 선교지에서도 자연스럽게 공동체를 시작하게 되었고, 현지인 식구들은 각자의 삶을 사는 것이지만 우리 가정은 무소유 더하기 현지인 공동체 식구를 먹여 살려야 하는 삶을 살아야 했다. 이 삶은 지금도 진행형이다.

이삭공동체는 우리 가족이 먹고살아야 하는 기본적인 재정을 제외한 모든 재정을 공동체 운영을 위해 사용한다. 그리고 이 돈은 내가 만지지도 않는다. 공동체 운영 재정팀에 전달하면 이삭공동체에서 사용한다.

양돈, 양계, 원예, 육가공, 건축, 교육 등 팀별로 재정은 독자적으로 관리하고 사용된다. 공동체 내 여러 팀 중에서는 재정적으로 자립이 가능한 팀도 있고 계속 외부에 의존해야 하는 팀도 있다. '자립한다'라는 말은 팀에서 일하는 사람의 월급 정도는 나온다는 의미다.

'꿈과미래학교'(DFIS, Dream & future International School)를 시작하기 전까지는 전체 재정의 40퍼센트 정도 자립을 했다. 나머지 부족한 부분은 내가 어떻게든 도와줘야 하는 상황이다.

이삭공동체 초기, 모든 재정을 내가 직접 관리하고 집행할 때는 늘 부담이었다. 공동체 식구들에게 월급을 제때 주지 못하는 것도 미안했고, 충분히 주지 못하는 것도 미안했다. 모든 재정 관리를 내가 하니 모든 책임도 내가 져야 했다.

그러다가 공동체 식구들과 함께 논의하여 모든 재정을 팀별로 나누어 관리와 집행을 팀이 직접 하기로 했다. 물론, 보고 시스템과 재정 사용은 사전 논의하는 원칙은 가지고 있지만, 돈은 직접 공동체 팀장이 관리한다. 이렇게 되면 선교사가 직접 돈을 만지는 일이 거의 없다.

내게 들어오는 후원금도 우리 가정의 필요를 제외한 나머지 전부를 공동체의 부족한 60퍼센트를 채우기 위해 재정팀으로 보낸다. 때로는 후원금이 좀 넘치게 들어오면 정말 좋으련만, 24년이 넘는 지금까지 늘 긴장과 기도 없이는 공동체가 한 달을 살 수 없는 재정 시스템을 만들어 주신다. 실수로 좀 넘치는 일이 있으면 좋겠지만 놀랍게도 우리 하나님께서는 실수하지 않으시는 하나님이시다.

이렇게 모든 재정 관리와 집행이 현지 공동체 식구들에게 이양된 이후 몇 가지 좋아진 점이 있다.

첫째, 재정에 대한 부담을 현지 식구들도 함께 지게 되었다. 팀의 비즈니스 결과가 중요하게 되었다.

둘째, 월급을 적게 주는 것이 나의 부담으로 돌아오지 않게 되었다. 각 팀별로 스스로 책임감을 느끼게 되었다.

셋째, 공동체 구성원들에게 더 신뢰 받게 되었다. 재정이 부족할 때는 우리 가정의 필요보다 공동체의 필요를 우선으로 하여 공동체 식구들의 월급과 사역비가 먼저 나갔던 것을 현지인 식구들이 알게 되었다. 혼자만의 착각일 수 있지만, 이런 상황이 알려지면서 더 신뢰 받고 존경받고 사랑 받게 된 것 같다.

넷째, 공동체 전체가 하나님을 더 신뢰하게 되고 기도하게 되었다. 이전에는 필요한 재정이나 어떤 프로젝트를 위해 기도해야 할 때 나와 아내만 전전긍긍했다면, 지금은 공동체 모두의 기도 제목이 되었다.

다섯째, 앞으로 공동체의 경제가 자립하고 영적 성장과 리더십의 성숙이 지속 가능하게 되어 사역을 자연스럽게 현지인 가족들에게 이양할 수 있겠다는 믿음이 생겼다. 그때가 오면 우리 가족은 사역지를 떠나도 되고, 더 있어야 한다면 선교사가 아니라 공동체의 한 형제와 자매로 함께 살 수 있으리라 생각한다.

아직은 이삭공동체의 자립을 위해 갈 길이 멀다. 때로 캄보디아 경제 자체의 규모가 커질 때까지는 자립이 어려울 수 있겠다는 생각도 든다. 물론 자립하는 것이 전부는 아니다. 이삭공동체 지체들이 함께 같은 방향을 바라보며, 느리더라도 함께 걸어가는 여정이 소중하다.

공동체의 형태가 무소유 공동체여야 하느냐, 아니면 부분적 공유와 사유와 결합한 공동체여야 하느냐 고민하기는 하지만, 그것은 그렇게 중요하지 않다. 앞으로 가장 캄보디아에 맞고 이삭공동체에 맞는 모습을 찾을 것으로 생각한다.

아직은 갈 길이 멀고 미완의 모습이지만 이삭공동체가 예수님께서 원하시는 생태적 경제를 잘 만들어 갈 수 있기를 소망한다.

2) 생태적 네트워크

이삭공동체는 소박한 꿈이 있다. 다른 사람들이 보기에는 큰 꿈처럼 보일 수도 있지만, 이삭공동체의 꿈은 의식주(衣食住) 문제와 자녀 교육을 스스로 해결하는 것이다. 의(衣)는 현대 사회에서 우리가 직접 만들지 않아도 어렵지 않게 해결을 할 수 있다. 거주할 수 있는 집도 큰돈을 들이지 않아도 지을 수 있고, 사는 데 큰 불편도 없다. 겨울이 없는 열대 나라의 장점이다.

그러나 식(食)과 교육은 상황이 다르다. 많은 사람은 열대 나라는 천지에 과일이 널려있고 먹을 것이 많다고 하지만 그렇지 않다. 정말 그렇다고 하면 아프리카나 아시아의 가난한 나라에서 기아로 죽는 사람이 없어야 하지만, 대부분의 기아는 아프리카와 아시아 가난한 나라에서 일어난다.

그만큼 식(食)은 만만한 문제가 아니다. 그리고 그것은 모두 농업과 연결되어 있으며 농업은 토양과 물과 날씨와 밀접한 관계가 있다. 큰 비용을 들이지 않고도 자연의 순리를 따라 농사를 지을 수 있으면 이보다 더 좋은 것은 없을 것이다. 그래서 관심을 가진 것이 자연 농업이다.

자연 농업은 가장 생태적인 농업이고 생태적 경제를 만들 수 있는 최고의 수단이다. 먼저는 자연 농업을 통해 이삭공동체에 필요한 먹거리를 자급자족하는 것이다. 그리고 남는 잉여 농축산물은 시장에 내다 파는 것이지만 시장의 요구가 때로는 많거나 판매가가 비싸면 이삭공동체가 먹기보다는 판매가 우선이 된다. 어떻게든 양돈, 양계, 원예를 맡은 팀이 먼저 자립하는 것을 우선으로 생각하고 있다. 간단히 말하면, 각 팀의 월급이 생태적 농축산업을 통해 해결될 수 있다면 일차적으로 성공이다.

그리고 더 바람이 있다면 농업팀의 자급자족을 넘어, 주변 농가와 교회가 협동조합을 통해 함께 자급자족할 수 있는 구조가 만들어진다면 정말 행복할 것 같다. 양돈은 자연 양돈 협동조합을 통해 지역 농가가 함께 일하고 있다. 양계도 협동조합을 통해 함께 일을 진행했지만, 안타깝게도 지금은 전염병으로 조합 농가가 피해를 보게 되어 함께할 수 있는 상황이 되지 못하고 있다.

생태적 경제는 더불어 상생할 수 있는 경제라고 생각이 든다. 나의 바람은 이삭공동체를 통해 지역사회 전체가 생태적 네트워크가 만들어져 경제뿐만 아니라 환경적으로 건강한 마을이 되는 것이다. 최소한 가난하여 먹지 못하거나, 자녀들이 교육을 못 받는 일이 생기지 않기를 바란다.

한국 농촌 교회와 도시 교회가 서로 연합하여 생산자 협동조합과 소비자 협동조합을 만들어 서로 상생하는 경제공동체 모델이 만들어지면 좋겠다. 농촌 교회에서는 친환경적인 건강한 농산물을 생산하고, 도시 교회에서는 믿을 수 있고 건강한 농산물을 좋은 가격에 사들여 주는 시스템을 만들면 농촌 교회와 도시 교회가 상생하게 될 것이다.

농촌과 도시 교회는 사회적 협동조합 운동을 계속 확대하여 귀촌을 돕는 프로그램, 귀촌한 청년 농부를 도울 수 있는 농산물 유통과 마케팅 그리고 지역 특색에 맞는 독특한 카페와 음식점 등을 만들어 청년과 노인 일자리를 만드는 사회적 협동조합 모델을 함께 만들고, 그것을 자연스럽게 확대하여 가난한 나라의 경제, 교육 등 다양한 사회 문제를 해결하는 새로운 선교 운동의 모델이 만들어지면 좋겠다.

조금만 생각을 바꾸고 관점을 바꾸면 일상의 삶이 실제적인 선교 훈련이 될 수 있다.

3) 희년의 실천이 빈곤과 사회적 불평등을 해소한다

'입소스'(Ipsos)라는 국제 여론 조사 단체는 28개국을 대상으로 매달 '세계의 걱정거리'(what worries world)를 조사한다. 2021년 10월 조사 결과에 따르면, 응답자의 33퍼센트가 '빈곤과 사회적 불평등'을 자기 나라의 가장 큰 걱정거리로 꼽았다고 한다. '실업'이 30퍼센트로 2위, '코로나' 그리고

'금융과 정치 부패'가 각각 29퍼센트로 3위를 차지했다. 세계는 여전히 빈곤과 사회적 불평등이라는 가장 큰 골칫거리로 고통 받고 있다.

한국은 '일자리'가 걱정거리 1위다. '코로나'가 2위, '금융과 정치적 부패'가 3위, '빈곤과 사회적 불평등'은 4위다. 한국도 '빈곤과 사회적 불평등'이 주요한 걱정거리가 되고 있다. 캄보디아는 조사 대상 국가는 아니지만 아마도 빈곤과 사회적 불평등이 가장 큰 걱정거리로 뽑힐 것이다.

캄보디아에서 경험했던 이야기를 몇 가지 나누고자 한다.

병원비가 없어 농지를 담보로 은행으로부터 200달러 대출을 받은 가정이 원금을 상환할 시기가 되었지만, 돈이 없어 원금 상환을 못 하게 되어 담보로 잡힌 농지가 은행으로 넘어가게 되었다. 빚은 200달러지만 그 논에서 쌀농사를 지으면 한 해 300달러 정도의 쌀을 생산할 수 있다. 그러나 지금 당장 갚아야 할 200달러가 없어 농지가 은행으로 압류된다는 이야기다. 그래서 우리 이삭공동체가 200달러를 대신하여 상환한 경험이 있다. 200달러는 벼를 수확한 후 다시 돌려받았다.

당뇨병과 지병으로 고생하는 아주머니가 계속 돈을 빌려 생계를 유지하다가 더는 대출할 수 있는 상황이 되지 않아 사는 집이 은행으로 넘어가게 된 일도 있었다. 이때도 대신 빚을 갚아주고 계속 그 집에서 살 수 있도록 도와주었던 경험이 있다.

이렇게 빚 문제를 해결해주는 일을 이삭공동체가 하게 된 것은 성경에 나오는 희년 정신과 주기도문 때문이다. 매 50년 대속죄일이 되면 대제사장이 양각 나팔을 불면서 희년이 선포된다. 희년이 선포되면 빚이 탕감되고, 노예는 자유를 얻고, 토지는 원래의 주인에게로 돌아가는 사회 경제적 리셋이 이루어진다.

한편, 마태복음 6장의 주기도문에서 우리말성경은 "우리가 우리에게 죄지은 자를 사하여 준 것 같이 우리 죄를 사하여 주시옵고"로 번역하고 있지만, 헬라어 원문의 표현은 "우리가 우리에게 빚진 자를 탕감하여 준 것 같이 우리 빚을 탕감하여 주시옵고"로 되어있다. 만약, 지난 이천 년이 넘는 시간 동안 교회가 원문의 표현 그대로 기도해 왔다면, 기독교의 현재 모습은 지금과 사뭇 달라졌을 것이라 생각한다.

교회가 희년 정신과 주기도문의 내용을 일상의 삶 속에서 실천한다면 세계의 걱정거리 1위인 '빈곤과 사회적 불평등'이라는 문제는 많이 줄어들 것이다.

우리가 다양한 방법으로 성경의 이러한 가르침을 오늘의 삶 속에 실천하면 좋겠다. 목회자는 희년을 주제로 설교하고, 교회 내에서 희년 은행을 만들어 무이자 대출로 청년 창업을 지원하거나 빚 문제 해결을 도울 수 있을 것이다. 선교사는 희년 정신을 실천하는 공동체를 만들어 지역사회를 섬긴다면 세상은 교회 안에 생명과 희망을 볼 수 있을 것이다. 그리고 모두가 함께 주기도문 원문의 표현으로 기도할 수 있을 것이다.

빈곤과 사회적 불평등의 문제를 해결할 책임은 정부나 국제기구나 NGO만의 것이 아니다. 사도행전을 통해 볼 수 있는 것처럼 초대교회의 주된 사역은 구제와 봉사였다. 교회 안에서는 자연스럽게 빈곤과 불평등의 문제가 해결되었다(행 4:32-37).

오늘날 교회가 이렇게 많은데도 빈곤과 사회적 불평등 문제가 심각하다. 교회가 교회로서 역할을 하지 않으면 세계의 걱정거리 1위는 교회가 될 것이다.

그러나 교회가 희년 정신을 실천하면 초대교회공동체가 세상의 자랑거리가 되었던 것처럼 세계의 자랑거리 1위가 교회가 될 수 있지 않을까?

성령으로 충만했던 초대교회 성도들은 모이기를 힘쓰고, 모든 것을 서로 나누어 쓰고, 부족하면 재산과 소유를 팔아 각자의 필요에 따라 나누는 삶을 살았다. 그리고 모든 사람에게 칭찬 받았다(행 2:44-47). 모든 사람에게 칭찬 받았다는 것은 교회가 세상의 자랑거리가 되었다는 것이다. 하나님의 이름이 세상으로부터 존귀하고 거룩하게 여겨졌다.

우리에게 아직 희망이 있다. 지금이라도 교회가 희년 정신을 부지런히 가르치고 실천할 때 이 땅은 살맛 나는 세상으로 바뀔 것이다.

4) 경제적 자유 얻기

룻과 보아스의 아름다운 사랑 이야기를 좋아하는 사람이 많다. 이 사랑 이야기는 희년 정신을 배경으로 만들어졌기 때문에 더 의미가 있다. 가난하여 집안의 땅을 되찾을 수 없는 처지에 있는 룻과 그의 시어머니 나오미의 집안을 친척인 보아스가 회복시켜 주는 내용에 사랑 이야기가 포함되어 있다. 그리고 이들의 족보를 통해 오신 예수 그리스도는 희년 정신을 온전히 이루기 위해 이 땅에 오셨음을 선포하셨다.

> 주의 성령이 내게 임하셨으니 이는 가난한 자에게 복음을 전하게 하시려고 내게 기름을 부으시고 나를 보내사 포로 된 자에게 자유를, 눈먼 자에게 다시 보게 함을 전파하며 눌린 자를 자유롭게 하고 주의 은혜의 해를 전파하게 하려 하심이라 하였더라(눅4:18).

이사야 61장 말씀을 인용하여 회당에서 하신 예수님의 첫 설교는 자칫 마지막 설교가 될 뻔했다. 막대한 토지를 소유했던 당시 종교 지도자들이 아마 제일 싫어하는 단어가 희년, 제일 싫어하는 성경 말씀이 희년과 해방의 말씀인 레위기 25장과 이사야 61장이었을 것이다.

그런데 예수님께서 눈치도 없이 금지 본문과 금지 단어를 회당에서 선포하셨다. 당시 이스라엘의 권력자인 종교 지도자와 율법학자는 탐욕에 눈멀어 불법적인 토지 매매와 투기와 갈취를 일삼았다.

종교적으로는 이스라엘의 하나님께 예배 드렸지만, 그들 삶의 실제적 숭배 대상은 가나안 풍요의 신 바알이었고, 그들의 경제 원리는 하나님의 희년법이 아니라 바알의 토지법이었다. 이런 암흑 같은 시대에 예수님께서 희년과 해방의 복음을 선포하신 것이다.

요즘 자기계발서와 유튜브에서 가장 인기가 많은 주제는 부동산과 주식 투자로 '경제적 자유 얻기'다. 오늘날 우리 사회의 자본주의는 내가 좋아하고 원하는 공간에서 나만의 왕국을 만들고 그 왕국 안에 다른 사람들을 종속시켜 착취하고 억압하는 무한 경쟁의 삶을 부추긴다. 이것이 자본주의 사회의 일반적인 모습이다.

그러나 성경에서 말하는 경제적 자유를 얻는 방법은 소위 인플루언서(Influencer)들이 말하는 것과는 정반대다.

성령을 받은 제자들의 삶이 어떻게 변했는지 우리는 잘 알고 있다. 나 중심에서 하나님 중심으로, 내 것이 아니라 하나님의 것으로 여기는 소유권의 변화가 일어났다. 필요를 따라 함께 나누는 코이노니아(교제 또는 공유)가 이루어졌다. 이것이 초대교회공동체의 일반적인 모습이다.

희년 정신의 실천은 강압적으로 되는 것이 아니다. 성령께서 임하셔서 대속의 은혜를 경험한 사람이 희년 정신을 실천할 수 있다. 성령께서 임하실 때 비로소 모두가 정당한 삶의 기반을 얻고, 빚이 탕감되고, 자유를 얻고, 이로써 안식을 얻게 된다. 사도행전 2장과 4장은 성령을 받은 사람들의 삶을 잘 보여 주고 있다. 초대교회공동체는 오순절 성령이 마가의 다락방에 임하며 나타난 희년의 신약적 성취라 할 수 있다. 성령으로 충만한 사람들이 희년 정신을 실천할 때, 개인만 아니라 공동체와 사회가 경제적 자유를 얻게 된다.

이삭공동체에서 늘 기도 드리는 것은 매일매일의 성령 충만이다. 그리고 오순절 날 급하고 강한 바람처럼 초대교회 성도들을 찾아와 주셨던 성령께서 우리를 찾아와 주시길 기도한다. 성령만이 우리로 하여금 탐욕으로 가득한 세상에서 희년 정신으로 살아갈 수 있게 하기 때문이다. 성령만이 우리에게 참다운 경제적 자유를 주신다.

2. 생태적으로 자립하는 공동체

1) 생태학=공동체학

일반적으로 생물이 살아가는 생활 모습을 '생태'라고 하며, 이것을 과학적으로 연구하는 학문을 '생태학'이라고 한다. 생태학을 영어로는 '에콜로지'(ecology)라고 하며, 이 단어의 어원은 '집'이라는 뜻으로 사용되는 그리스어 '오이코스'(oikos)다.[1]

따라서, 생태학은 집에 관한 연구라 할 수 있다. 물론, 여기서 말하는 집은 단순히 사람만 사는 집을 의미하는 것이 아니라, 동물, 식물, 미생물 등을 포함한 모든 피조물이 함께 조화롭게 살아가는 집, 즉 '공동체'를 의미

---

1 데로우 밀러(Darrow L. Miller), 『생각은 결과를 낳는다』 (서울: 예수전도단, 1999), 27.

한다. 이런 의미에서 생태학은 공동체를 연구하는 공동체학이라고도 할 수 있다.

생태학이 공동체를 연구하는 공동체학이라고 한다면, 생태학의 목적은 무엇일까?

그것은 하나님께서 창조하신 모든 피조물이 하나님의 뜻을 따라 조화와 평화를 누리며, 하나님의 영광을 드러내며 행복하게 살 수 있도록 돕는 것이라 할 수 있다. 이런 의미에서 생태적 상상력은 무궁무진하게 뻗어 나갈 수 있다고 하겠다.

그러므로 이러한 생태적 상상력을 하나님 나라를 위한 사역에 적용한다면, 그야말로 놀랍고 다양한 사역이 전개될 수 있을 것이다. 이를 선교에 적용할 경우, 선교는 단순히 인간만 아니라 동물, 식물, 미생물 등 모든 피조물이 함께 공존하는 하나님 나라를 우리의 공동체에서 누릴 수 있게 할 것이다. 이를 가장 잘 표현한 것이 아래에 있는 이사야서 말씀이다.

> 그 때에 이리가 어린 양과 함께 살며 표범이 어린 염소와 함께 누우며 송아지와 어린 사자와 살진 짐승이 함께 있어 어린 아이에게 끌리며 암소와 곰이 함께 먹으며 그것들의 새끼가 함께 엎드리며 사자가 소처럼 풀을 먹을 것이며 젖 먹는 아이가 독사의 구멍에서 장난하며 젖 뗀 어린 아이가 독사의 굴에 손을 넣을 것이라 내 거룩한 산 모든 곳에서 해 됨도 없고 상함도 없을 것이니 이는 물이 바다를 덮음 같이 여호와를 아는 지식이 세상에 충만할 것임이니라(사 11:6-9).

이와 같은 종말론적 생태적 상상력이 우리의 삶과 공동체에서 실현되는 선교 사역이 될 수 있기를 소망해 본다. 우리는 이사야 선지자가 꿈꾼 아름답고 조화로운 세상을 경험한 적이 없다. 그러나 이것은 막연한 상상이 아니라 언젠가 우리가 직접 보게 될 하나님 나라의 모습이다.

이와 같은 하나님 나라의 속성을, 나중이 아니라 지금 이 땅에서 맛볼 수는 없을까?

아마도 태초에 만들어진 에덴동산은 이러한 모습이었을 것이다.

하지만, 안타깝게도 인간의 탐욕으로 말미암아 이 모든 관계가 깨어졌다. 에덴동산도 약육강식이라는 정글의 법칙이 적용되는 동산이 되고 말았다. 언젠가 이삭공동체 한 형제가 내게 질문했다.

"로쿠루(선생님), 그러면 앞으로 세계는 어떻게 될 것이며, 이삭공동체는 어떤 준비를 해야 할까요?"

사실 나 역시 그 질문에 대한 답을 찾는 중이다. 하지만, 그래도 감사한 것은 이삭공동체는 E^3MC(Ecology, Economics, Education, Mission, Community)라는 생태적 자립 공동체를 만들어 하나님 나라의 가치를 이 땅 위에 실현할 수 있는 다음 세대를 준비하고 있다는 것이다.

하나님께서는 서로 사랑하도록 사람을 창조하셨다. 이것이 본래 사람의 모습, 곧 생태적 인간의 모습이다. 따라서, 사람과 하나님의 관계라는 첫 단추가 바르게 채워진다면, 다른 관계, 곧 사람과 사람의 관계 그리고 사람과 자연의 관계라는 단추들 역시 어렵지 않게 맞춰질 것이다.

하나님 나라의 생태학은 사람과 동식물 및 미생물, 나아가 모든 자연 환경이 서로 조화를 이루며 행복하게 살고 하나님을 아는 지식으로 충만한 공동체를 만들도록 도울 것이다.

앞서 생태학은 하나님의 창조 세계 전체를 포함하는 공동체에 관한 연구라고 했는데, 공동체뿐만 아니라 경제학까지 포함하는 통합적인 개념이라 할 수 있다. 나는 이 새로운 개념을 정리하기 위해 <지속 가능한 생태론적 통합 선교에 관한 연구>라는 제목으로 박사 논문을 쓴 적이 있다(Midwest

University, 2014). 비록, 당시 이 분야를 연구한 사람들이 많지 않아 자료를 찾고 논문을 쓰는 데 어려움이 있긴 했지만, 논문을 쓰는 내내 마음에 기쁨이 있었다.

왜냐하면, 생태가 공동체, 경제 그리고 통합 선교와 만나는 생태론적 통합 선교를 통해 마치 땅의 집(oikos)과 하늘의 집(oikos)이 서로 연결되고 조화되는, 그래서 하나님의 뜻이 하늘에서 이루어진 것처럼 땅에서도 이루어지는 경험을 할 수 있었기 때문이다. 그것은 하나님께서 나와 이삭공동체에 주시는 최고의 선물이자 위로였다.

그런 의미에서 이삭공동체에서 진행되고 있는 생태론적 통합 선교는 비록 부족한 점이 있지만 사랑과 정의가 함께 드러나는 선교요, 창조 세계를 파괴하지 않고 지키고 보호하는 선교이며, 나아가 천박한 자본주의의 한계를 극복하고 성경적 경제 정의를 만들 뿐 아니라 기후 위기와 경제 위기 시대에 성경적 대안을 창출할 수 있는 선교 개념이라고 생각한다.

지금까지의 이야기를 정리하면 생태학이 집에 관한 연구인 것처럼, 생태론적 통합 선교는 통합 선교라는 집을 잘 짓기 위해 하나님과의 관계, 이웃과의 관계, 자연과의 관계에서 온전한 조화를 이루는 선교다.

단순히 선교사나 목회자의 꿈과 야망을 이루는 자기중심적인 선교는 생태론적 통합 선교가 아니다. 생태론적 통합 선교를 통해 하나님 영광이 드러나는 선교, 하나님 나라가 임하는 선교, 성령이 일하는 선교, 이원론적 선교가 아니라 온전한 기독교 세계관의 기초 위에 믿음과 삶이 일치하는 선교가 선교지와 한국 사회에서 일어나길 소망한다.

2) 생태적 농업공동체

생태적 농업공동체가 왜 중요한지를 절실히 깨닫게 된 계기가 있었다. 비 한 방울 오지 않아 풀까지 노랗게 말라 죽는 캄보디아 건기의 절정인 2월의 어느 날, 이삭공동체에서 제작한 태양열 조리 기구 솔라 쿠커(solar-cooker)를 시연하기 위해 마을을 찾아가는 길이었다. 모든 땅이 메말라 있는데 유난히 초록빛이 완연한 논을 보게 되었다. 논 주위로는 수로가 있어 언제든 필요하면 논에 물을 댈 수 있는 시스템이 만들어져 있었다.

캄보디아는 물만 있으면 365일 논농사에 적합한 날씨를 가지고 있지만, 물이 부족하여 비가 오는 우기를 기다렸다가 농사를 짓는다. 그런데 이 마을의 논은 너무 푸르렀다. 이렇게 수로가 만들어지면 이모작, 삼모작 논농사를 지을 수 있겠다고 생각했다.

우리는 차에서 내려 마을 안으로 들어갔다. 마을 지도자를 만나 대화를 하고 싶었다. 캄보디아 농촌은 우기에 비가 적게 오면 한 번 농사도 어려운데 이 지역은 건기에도 물 걱정 없이 농사를 짓고 있으니 필히 다른 마을보다 잘살고 행복도가 높으리라 생각했다.

마을 사람의 안내로 면장을 찾아갔다. 나는 인사를 건네며 덕담으로 이렇게 말했다. "면장님, 여기 동네 사람들은 건기에도 농사를 지을 수 있어서 너무 좋겠습니다. 농사로 돈도 더 벌고 좋겠습니다."

그런데 면장은 오히려 이 사람이 약을 올리려고 찾아왔나 하는 눈으로 우리를 보더니 이윽고 이야기를 꺼냈다. 이 마을은 3년 전에 수로가 생기기까지는 다른 마을과 마찬가지로 일 년에 한 번 우기 때만 농사를 지었다고 했다. 넉넉하지는 않았지만, 마을 사람들은 먹고살 만큼의 농사를 지었다. 수로를 준공한 해에도 여느 때와 같은 우기 농사까지는 늘 평소처럼 수확했다.

그런데 이모작을 할 때는 상황이 달라졌다. 물은 부족하지 않았지만, 벼가 제대로 자라지 못했다. 지력이 달려 그런가 하여 화학 비료를 사서 뿌려주니 벼가 성장은 했지만, 곧 병충해 피해가 생겼다. 화학 비료의 힘으로 벼를 억지로 성장시키기 때문에 병충해에 취약해지는 것이 당연했다.

그래서 농약을 사다 뿌리기 시작했는데, 놀랍게도 적어도 사흘에 한 번씩은 농약을 살포하지 않으면 농사를 지을 수 없을 정도가 되었다. 비료와 농약을 살 수 있는 형편이 되지 못하는 농민들은 은행으로부터 농지를 담보로 대출 받아야 하는 처지가 되었다.

면장은 마을 사람들이 한 번 농사를 지을 때마다 100달러에서 200달러 정도 손해를 본다고 했다. 우리가 비료와 농약값을 포함하여 정확히 계산해 보니 그 결과는 면장의 말과 비슷했다. 1헥타르(3000평, 10,000제곱미터) 벼농사를 지으면 나오는 수확량과 수매가를 계산하니, 농민의 인건비를 빼고도 농약과 비료 구매만으로 손해 보는 재정이 약 200달러 정도 되었다. 만약, 이모작을 하면 일 년에 400달러 정도를 손해 보게 된다. 그렇게 농사를 지으면 지을수록 더 많은 빚을 지게 된다.

그러면 농사를 안 지어야 하지 않느냐고 물으니, 면장의 대답은 혹시나 벼 수매 가격이 올라가거나 생산량이 늘어나지 않을까 해서 농사를 계속 짓고 있다는 것이었다.

그러나 이 마을에서 생산한 벼의 수매가는 대부분 베트남으로 수출을 하는 중간 상인이 결정한다. 직거래가 아닌 이상, 농민은 수매가 결정에 전혀 관여하지 못한다. 충격적이게도 이미 마을의 농가 중 70퍼센트가 은행으로부터 빌린 대출금을 갚지 못해 논이 다 은행으로 넘어가 무농지 농민이 되었다고 했다.

마을의 장정 대부분과 일부 여성들까지 돈을 벌기 위해 태국으로 갔다. 그래서 할머니 할아버지가 손자 손녀들을 키우는 집이 많다는 이야기가 마음을 아프게 했다.

게다가 사흘에 한 번씩 농약을 뿌리다 보니 많은 농민이 농약 중독 증상을 앓고 있었다. 농약을 뿌리고 나면 피곤하고 머리가 아프고, 심하면 링거 주사를 맞아야 한다고 했다. 농약을 이렇게 많이 사용하니 자신들이 생산한 쌀이지만 전혀 먹지 않는다고 했다. 이 마을에서 생산된 쌀은 도정하지 않은 상태로 수출한다. 그런데 사실 도정되지 않고 수출된 캄보디아의 쌀이 베트남에서 잘 도정되어 다시 캄보디아로 역수출되곤 한다. 아이러니하게도 그렇게 농약을 많이 써서 먹지 않고 수출한 그 쌀이 다시 캄보디아로 돌아왔을 가능성이 크다.

수로가 만들어지면 물 걱정 없이 농사를 지으니 농촌이 당연히 잘살게 된다고 생각했는데 예상과 전혀 달랐다. 들녘에 보이는 초록빛과 황금빛 이면에 농민들의 고통과 눈물이 있다는 것을 생각하며 생태적 농업의 중요성을 다시 생각하게 되었다.

수로가 개발되기 전에는 우기마다 범람하여 비료의 역할을 하는, 유기물로 가득한 메콩강 물을 이용해 농사를 지었다. 많은 수확량은 아니지만 빚은 지지 않았고, 농지를 잃지 않고 농업을 이어갈 수 있었다. 그런데 생태를 고려하지 않은 개발은 오히려 농민을 무농지 농민으로 전락시켰고, 농민의 건강을 망가뜨렸고, 가정을 붕괴 위기로 몰아넣었다.

이 일은 2013년에 겪은 일이라 현재는 이 마을의 사정이 달라졌을 수도 있다. 그러나 이런 문제는 이 마을뿐 아니라 캄보디아의 다른 여러 마을과 다른 나라의 수많은 선교지에서 확인된다.

그러므로 우리가 어떻게 선교지에서 기아를 종식하고, 사람들의 영양 상태를 개선하고, 지속 가능한 농업공동체를 만들 수 있을지 고민할 때 반드시 고려하여 연구해야 할 문제다.

3) 태국 시사아속생태공동체

태국의 시사캣 지역에 위치한 시사아속공동체를 여러 번 방문했다. 캄보디아도 태국과 같은 소승불교 국가이기에 나는 특별히 시사아속공동체에 관심이 많다. 시사아속은 불교공동체지만 그곳에서 지내는 시간이 전혀 어색하지 않았다. 그들은 부러울 만큼 내가 꿈꾸고 소망하던 공동체 모습을 잘 갖추고 있었다.

시사아속공동체는 1971년에 포디락 스님을 포함한 다섯 명이 불교 개혁 운동가에 의해 시작되었다. 지금은 아홉 개 공동체와 30여 지부에서 5,000명이 공동체 생활을 하고 있다. 청렴의 상징으로 해외에도 잘 알려진 잠롱 방콕 시장이 시사아속공동체 출신이다.

시사아속공동체는 '살아 있는 모든 것들을 죽이거나 해치지 않아야 한다'라는 계명을 따라 채식주의를 원칙으로 하며 모든 농사는 농약을 전혀 사용하지 않는 유기농으로 짓는다. 유기 농업을 하는 것이 이 공동체의 삶에서 가장 기본적이고 중요한 일이다.

시사아속의 유기질 비료 생산은 가장 핵심 되는 공동체 비즈니스 중 하나다. 화학 비료를 쓰면 벌레가 죽고, 화학 비료로 키운 식물을 먹는 사람도 병들며, 땅도 오염이 된다. 그러므로 살아 있는 생명을 죽이지 않기 위해서는 유기질 비료를 자체적으로 생산해야 하는 것이다.

시사아속공동체를 거닐면 어디든 약초를 볼 수 있다. 약초를 이용하여 비누, 샴푸 등 다양한 천연 세제를 만든다. 그리고 약초의 엑기스를 뽑아 영양제 만드는 제약 공장도 있다. 디톡스 프로그램을 개발하여 공동체 식구들의 건강 유지는 물론 태국 전역에서 손님들이 찾아온다. 자연 친화적 건강법 등 대체 의학에 관심을 가진다.

노인들도 각자 집에서 가내 수공업으로 다양한 공예품을 만든다. 노인들의 장수 이유 중 하나가 손으로 꾸준히 일하는 것이라고 한다. 하루 두 끼만 먹으며 맨발로 살아가는 청렴한 삶 속에 세속적 탐욕에 저항하려는 정신이 깃들어 있다는 생각이 들었다.

시사아속공동체의 또 하나의 경제관은 자급자족이다. 공동체가 잘 유지되고 운영되기 위해서는 안정적인 경제 기반이 중요하지만, 돈을 벌기 위해 공동체가 있는 것이 아니다.

안정적인 경제 기반을 위해 유기 농업을 시작했고, 공동체가 먹고 남는 것으로 허브, 비누, 샴푸, 옷 등 삶에 필요한 생산품을 만든다. 생산품을 판매하는 마켓의 운영 방법은 간단하다. 욕심내지 않고 모두를 위해 나누는 방법으로 최소한의 이익만을 추구하고 있다. 공동체 내에서 큰 마켓을 운영하여 이웃을 위해 일반 시장 가격보다 저렴하게 판매하는 것을 원칙으로 하고, 특별한 날을 정해 원가나 혹은 원가 이하로 판매한다. 새해가 되거나 특별한 날이 되면 20달러 유기질 비료를 1달러에 판매한다. 이런 식의 경제 활동이 세계를 이끄는 자본주의의 폐해에서 벗어나는 방법이라고 믿는다.

시사아속공동체의 교육은 참으로 인상적이다. 공동체 내에 유치원부터 고등학교까지 대안 학교가 있다. 학생들도 공동체의 중요한 노동력이다. 고등학교를 졸업할 때까지 공동체 내에서 일하는 가운데 용접, 농기계 운전, 비누 만들기, 버섯 재배, 약초 재배, 발효, 수준 높은 방송 장비 엔지니어링, 영상 촬영 등 40개 이상의 기술을 자연스럽게 습득한다. 학교에서는 공부를 잘하라는 말 대신 게을러서는 안 된다는 말을 많이 한다.

오래전 시사아속공동체가 역사가 깊은 우리나라의 기독교농업공동체인 가나안농군학교를 방문하여 교육 받은 적이 있다. 아마 그때 받은 교육의 영향으로도 보인다. 시사아속공동체에서 우리나라의 자연 농업을 배워 많이 활용하고 있기도 하다.

하루는 시사아속공동체 고등학교의 졸업반 학생을 만나 졸업 후 꿈이 뭐냐고 물었는데, 그 대답이 놀라웠다. 고향으로 돌아가서 대안 학교를 만들어 교사가 되고 싶다고 했다. 책에서나 나올 법한 답이었다. 모르는 사람이 들으면 짜 놓은 각본을 듣는다고 했을 것이다. 지금은 농촌 개발과 자립 경제에 초점을 맞춘 기술대학도 운영되고 있다.

나는 시사아속에서 기독교에 대한 새로운 통찰과 함께 캄보디아에서 그리고 한국에서 어떻게 살아야 할지를 고민하는 시간을 가졌다. 대학생 때 배낭 하나를 메고 4개월간 미국의 기독교공동체들을 방문한 적이 있다. 초대교회와 같은 공동체를 보고 싶다는 일념으로 다니며 당시에도 좋은 공동체들을 경험할 수 있었다.

시사아속을 다녀온 후 나는 새로운 큰 충격과 도전을 동시에 받았다. 지금까지 보아 온 어떤 기독교공동체보다 더 긍정적인 모습을 보았기 때문이다. 신앙이 삶이 되는 공동체였다. 사람들은 정말로 행복해 보였다. 학생들도 행복해 하고 현재의 삶과 다가올 미래에 대한 확신으로 가득차 있었다. 나그네를 놀라울 만큼 환대했다. 생활은 소박하고 간단하다. 이들은 정당도 가지고 있었다. 교육과 출판, 방송, 미디어, 적정 기술, 농업, 대체 의학, 천연 영양제, 채식 식당, 친환경 소재의 다양한 제품들에도 깜짝 놀랐다.

도대체 어떤 생각과 사상이 이들의 삶을 이처럼 만들었을까?

시사아속이 가지고 있는 사상은 불교의 공덕주의다. 그래서 시사아속의 일반 공동체 식구들은 불교 교리의 5계를 지키고, 그곳에 있는 지도자들은 8계를 지킨다. 간단히 이야기하면, 석가의 가르침을 따라 선한 삶을 살면 후세에 복을 받는다는 공덕주의 신앙을 가지고 있다.

기독교는 죄로 죽은 나를 대속하기 위해 예수님께서 십자가에서 대신 죽으시고, 신자는 그분의 은혜로 영생을 얻는다.

기독교 신자는 불자들과는 비교도 할 수 없는 수준의 은혜를 받은 사람들이 아닌가?

그런데 대속의 은혜를 받고 살아가는 우리의 삶이 공덕주의적 계명을 따라 살아가는 그들보다 더 못하다는 생각이 들어 속이 많이 상했다. 불교 신앙에 근거한 이들의 대안적 공동체에서 매력을 느낀 많은 서양 사람이 시사아속공동체를 배우려고 하는 현실이다.

불교가 성취할 수 없는 온전한 삶의 근거가 성경 속에 있지만, 기독교인들에게는 여전히 모델이 될 만한 삶이 희박하게 보인다. 처음에는 불교 국가인 태국에 무슨 선한 것이 있겠는가 하면서 찾았던 시사아속생태공동체에서 나는 진실로 회개하는 마음을 갖게 되었다.

하나님께 정말 죄송하고 송구스러웠다. 가짜 같은 나의 삶이 너무 부끄러웠고, 내가 하는 사역들이 부끄러웠다.

종교개혁은 '이신칭의'를 강조하며 일어났다. 신자다운 삶을 도외시하고 종교적 의식과 면벌부 판매를 통해 구원을 사고파는 부패한 종교 권력을 대항하여 일어난 개혁이었다. 그러나 지금 종교개혁자의 후예임을 강조하는 개신교회의 신앙이야말로 야고보 사도가 비판하는 "행함이 없는 죽은 믿음"으로 보일 때가 많다. 죄 용서의 은혜만 누리고 하나님께서 용서하시며 바라신 삶은 포기한, 기울어진 이신칭의 때문에 지금의 기독교는 가장 큰 위기를 겪고 있다.

믿음과 삶의 균형을 강조했던 종교개혁이 다시 필요한 시점이 되었다. 행함이 있는 믿음, 믿음이 있는 행함을 통해 생태적 선교공동체 모델이 만들어지기를 소망한다.

4) 적정 기술

2000년 캄보디아에 들어올 때 늘 간직하고 있었던 생각 중 하나는 대학 시절 읽었던 E. F. 슈마허(Ernst Friedrich Schumacher)가 쓴 『작은 것이 아름답다』(Small is Beautiful)라는 책에 나오는 '적정 기술'(Appropriate Technology, 중간 기술, 대안 기술)이다.[2] 적정 기술은 첨단 기술로부터 소외된 계층을 배려하여 만든 기술이다.

오늘날 모든 첨단 기술 개발의 핵심은 돈이 되느냐 아니냐에 달려 있지, 소외되고 가난한 사람의 삶을 개선하는 것과는 거리가 멀다.

반면, 적정 기술은 소외 계층이 많이 거주하는 지역의 환경과 경제, 사회적 여건에 맞도록 만들어진다. 그런 의미에서 적정 기술은 저개발 국가에서 이루어지는 선교와 흐름을 같이한다. 낙후된 세계의 회복이라는 하나님 나라 관점에서 선교적으로 중요한 의미가 있는 특별한 개념이라 할 수 있겠다.

---

2 이 책에서는 적정 기술이 아니라 중간 기술로 표현되어 있다.

2008년 대안 기술센터[3]와 사회적 기업 에너지팜[4]의 도움으로 이삭학교 2회 졸업생인 '싸론' 형제를 에너지팜으로 보내 적정 기술에 대한 기본적인 교육을 3개월간 받게 했다. 이것을 계기로 2011년에는 에너지팜을 통하여 처음으로 태양열 조리기(Solar Cooker) 3대를 이삭학교 학생들과 함께 만들어 보기도 했다.

이후 지역 조사를 하면서는 태양열 조리기의 필요성과 유용성을 확인하게 되었고, 기술을 에너지팜으로부터 전수받아 2011년 9월 아셈중소기업 친환경센터(ASEIC)[5]와 국제녹색성장기구(GGGI)[6]의 지원으로 20대의 태양열 조리기를 생산할 수 있었다.

2011년의 경험을 바탕으로 2012년에는 전기가 없는 농촌 가정을 위한 태양 에너지 기술들을 에너지팜으로부터 추가로 전수받아 5킬로와트급 태양광 발전 시스템, 60대의 가정용 태양광 에너지 시스템을 생산하여 설치했다. 태양열 조리기도 100대를 추가 생산할 수 있었다.

에너지팜의 이러한 헌신적인 도움으로 이삭공동체 '솔라팀'이 필요한 기술을 성공적으로 확보할 수 있었고, 그동안 꿈꾸어 왔던 적정기술센터를 만들 수 있었다. 평범한 이삭학교 학생들이었던 여섯 명의 솔라팀 청년들이 이제는 상당한 수준의 태양 에너지 기술 전문가가 되었다.

---

3 에너지 위기와 환경 오염에 대한 대안을 제시하며 2006년 경남 산청에서 처음으로 시작되었다. 지속 가능한 사회를 만들고자 하며, 개발도상국의 빈곤 퇴치와 대안 기술의 보급 및 연구 개발의 비전을 가지고 있다. www.atcenter.or.kr
4 생존과 생계의 문제로부터 출발하여 생활 전반의 빈곤으로 인해 소외를 겪고 있는 개발도상국의 많은 사람이 '에너지 빈곤'으로부터 벗어나 보다 나은 삶을 영위하는 것을 목표로 시작된 사회적 기업이다. energyfarm.kr
5 ASEM SMEs Eco Innovation Center. 아시아유럽정상회의(ASEM) 회원국들이 유럽과 아시아 지역의 친환경성장을 위한 중소기업 협력을 증진하고자 2011년에 설립한 국제 협력기구이다.
6 Global Green Growth Institute. 개발도상국의 저탄소 녹색 성장을 위해 자문 제공, 경험 공유, 녹색 성장 모델 제시를 주업무로 하는 UN 공인의 국제기구다.

2013년에는 오목거울을 이용한 태양열 조리기를 개발하고 보급하는 셰플러 반사경(Scheffler-Reflector) 개발자 그룹에서 기술을 이전 받고, 에너지팜과 함께 3대의 셰플러 반사경을 만들었다.

셰플러 반사경을 제작한 목적은 팜나무(Palm tree)[7] 꽃에서 나오는 수액을 끓여 팜슈가(Palm sugar)를 생산하려는 것이었다. 기존 방식으로 팜슈가를 만들기 위해서는 장작불이나 화석 연료로 수액을 끓여야 했지만, 셰플러 반사경을 이용하면 태양열로 설탕을 생산할 수 있다.

적정 기술의 개발과 보급을 목적으로 설립된 따게오적정기술센터(Takeo Appropriate Technology Center)는 사회적 기업 에코솔라(Eco Solar)를 시작하면서 선교적 사업(BAM, Business as Mission)[8]으로 확장되었다. 에코솔라는 에너지팜에서 개발한 저렴한 가정용 태양 에너지 시스템을 전기 없는 마을에 보급하는 사업을 진행했다. 그리고 대기업의 CSR(Corporate Social Responsibility, 기업의 사회적 책임) 사업을 맡아, 전기 없는 학교에 태양광 발전 시스템을 설치하고 컴퓨터와 시청각실 등의 교육 인프라를 구축하는 사업을 진행하기도 했다.

적정 기술은 ODA(정부개발원조) 사업의 국제개발협력 분야에서 빠질 수 없는 중요한 개념이 되었다. 특별히 저개발 국가의 사회적 문제 해결을 위한 실질적인 기술로서만 아니라 지속 가능 발전 개념에도 잘 맞는 기술이다. 모든 상업적 상품 개발의 주요 대상은 상위 10퍼센트의 부유층이다.

그러나 적정 기술을 활용한 상품 개발의 수혜자는 소외된 90퍼센트다. 그래서 적정 기술을 가난한 사람을 위한 기술이라고도 한다. 소외된 90퍼

---

7 캄보디아에 주로 서식하는 팜나무의 종류는 팔미라 팜나무(Palmyra Palm Tree)로 15년 이상된 팜나무의 꽃즙으로부터 영양소가 응축된 수액을 채취하여 열을 가해 천연 팜슈가를 만들고 있다.

8 기독교적 가치 추구를 목적으로 운영되는 사업.

센트의 대부분은 선교에서 중요한 10/40창[9]에 사는 미전도 종족이다. 적정 기술이 필요한 소외된 90퍼센트와 미전도종족의 분포가 일치한다는 것은 선교 전략적으로 아주 중요한 의미가 있다.

나는 국제개발에 관심이 있는 청소년과 대학생들이 적정 기술 분야에 많은 관심을 가지기를 바란다. 청소년과 대학생들의 단기선교 프로그램도 적정 기술을 활용한 다양한 프로그램으로 준비했으면 한다. 단기선교 준비 과정에서 먼저는 적정 기술에 관한 전반적인 리서치와 공부를 할 필요가 있을 것이다.

그리고 선교지에 해결하고 싶은 사회적 문제가 무엇인지 사전 조사를 할 필요가 있다. 문제가 파악되었으면 문제 해결을 위한 대안으로 어떤 적정 기술을 적용할 수 있을지를 연구하고 대안을 찾는 일을 해야 한다.

비슷한 사례도 찾아보고 전문가의 도움도 받을 수 있다. 이와 같이 적정 기술과 함께 진행되는 단기선교를 경험한 청소년과 대학생은 선교에 관한 새로운 패러다임을 얻게 될 것이다. 전공과 하나님 나라, 직업과 소명 그리고 통합 선교에 관한 새로운 지평이 열릴 것이다.

5) 이삭유정란

이삭학교 7기 졸업생 중 '후이'라는 형제가 있다. 아주 부지런하고 책임감이 강한 친구다. 이삭학교 졸업을 앞두고 가장 하고 싶은 것이 무엇인지를 물었다. 가축 키우는 일을 좋아하고, 특히 닭을 키우고 싶다고 했다. 그래서 이삭공동체에서 시작한 일이 자연 농업 양계였다.

---

[9] 북위 10도에서 40도 사이의 지역이다.

일반 산업 양계는 성장률과 산란율을 높이기 위해서 쇠창살로 된 A4용지 한 장 만한 크기의 닭장 안에 닭을 가두어 키우며 24시간 내내 사료를 먹인다. 이러한 일반 산업 양계는 보통 90퍼센트 정도의 산란율을 유지하는데, 닭장을 켜켜이 쌓아 놓은 비위생적인 환경에서 생기는 닭의 피부병과 진드기와 같은 기생충을 구제하기 위해 잔류 독성이 오래가는 살충제를 사용하여 큰 문제가 되고는 한다.

그러나 이삭공동체의 자연 농업 양계장은 특별하다. 일단, 양계장이 넓은 바닥에 조성되어 있다. 양계장 바닥에는 왕겨와 톱밥이 두껍게 깔려 있고, 토착 미생물을 뿌려 주어 닭의 분뇨가 발효되어 신속하게 분해된다. 일반 양계장에서 나는 닭똥 냄새가 없고 오히려 구수한 발효 냄새가 난다. 양계장 지붕에는 통풍구가 열려 있어 뜨거운 공기가 쉽게 빠져나가고, 빠져나간 공기의 공간을 채우기 위해 바람이 불어 들어와 자연스러운 공기 대류가 일어난다. 그래서 양계장 내부는 시원하고 쾌적하다.

넓고 편안한 환경에서 암탉과 수탉이 자연스럽게 섞여 지내며 건강한 유정란을 생산한다. 자연과 가장 비슷한 환경을 만들어 건강하게 자랄 수 있도록 동물 복지에 신경을 써 주는 것이 이삭공동체 자연 농업 양계의 핵심이다.

이삭공동체 양계장의 산란율은 65퍼센트로 다소 낮았다. 그러므로 이삭유정란 사업을 지속하기 위해서는 좋은 가격에 이삭유정란을 판매할 수 있는 곳을 찾아야 했다. 처음에는 이삭유정란을 구매하기를 원하는 한국인 가정에만 배달하다가 곧 캄보디아 유기농 가게에 납품하기 시작했다.

이어서 납품한 곳은 2014년에 캄보디아 최초로 세워진 'AEON'이라는 대형 쇼핑몰이었다. 쇼핑몰 구경을 갔다가 식품 코너를 둘러보니 값싼 일반 달걀만 판매하고 있기에, 이삭유정란을 이곳에서 판매하면 좋겠다는 생각이 들었다. 일본 투자사에서 투자한 쇼핑몰이므로 마트 내에서 일본인으로 보이는 사람을 만나 이삭유정란을 소개했는데, 마침 그가 마트 책임자였다.

나는 우리가 친환경 자연 농업으로 달걀을 생산하고 있음을 설명하고, 캄보디아에서 최초이자 최고의 대형 쇼핑몰에 유정란 달걀 브랜드가 하나도 없다는 것은 말이 안 된다고 큰소리를 쳤다. 자연 농업 이삭유정란이 들어오면 이 몰의 품격이 달라질 것이라면서 자연 농업의 온갖 우수성을 한참이나 설명했다.

나중에 돌아보니 달걀 하나로 캄보디아에서 가장 큰 쇼핑몰의 품격을 높이니 어쩌니 한 것이 나조차도 어처구니가 없어 웃음이 나왔지만, 어쨌든 감사하게도 그 일본인 매니저가 구매 부서 책임자를 소개해 주어 다음날부터 이삭유정란을 납품할 수 있게 되었다.

캄보디아 최초, 최대의 쇼핑몰에 납품된다는 사실로 시장에서 이삭유정란의 위상이 조금이나마 높아질 수 있었다. 이 일은 무엇보다 자연 양계를 책임지는 후이 형제에게 큰 힘이 되었다. 항생제나 성장 호르몬 등 화학적 약품을 쓰지 않고, 토착 미생물을 활용한 자체 생산 사료로 닭을 키워 생산한 이삭유정란의 상품성을 확신하게 해 주는 상징적인 일이었다.

이삭양계장은 캄보디아 토종닭도 키우고 있다. 이삭양계장에서 토종닭을 키우는 주요 목적은 지역 농가에 토종닭 병아리를 공급하여 농가소득에 도움을 주려는 것이다. 토종닭은 산란율이 30퍼센트 미만이지만 병아리의 가격이 높고 육계로도 인기가 좋다.

이러한 사업을 통하여 이삭공동체 식구들은 자신만의 유익을 위해 사는 이기적인 삶이 아니라 내 이웃을 내 몸처럼 사랑하는 이타적인 삶을 자연스럽게 배우게 된다. 예수님께서 가르쳐 주신 진정한 헌신을 이루어 가게 된다. 이삭공동체가 이러한 사업들을 통해 지역사회를 위한 복의 근원이 되기를 소망한다.

진정한 헌신은 성경 공부를 많이 한다고 되는 것이 아니다. 제자 훈련을 잘 받는다고 헌신하게 되는 것도 아니다. 진정한 헌신은 성령님을 통해 예수님의 위대한 삶이 내 삶 속에서 울리고 메아리치는 어느 순간, 내 사고의 틀과 삶의 방식이 송두리째 바뀔 때 일어난다.

결국, 삶이 삶을 바꾼다. 진정한 헌신이 헌신을 낳는다. 부족하지만 선교지에서 우리의 삶이 선교지 이웃의 삶 속에 작은 울림으로 남기를 소망하고, 이런 울림이 한국 사회 속에서 한국 교회를 통해 일어날 수 있기를 간절히 소망한다.

6) 자연 농업 양돈과 이삭미트

아내와 나는 채식주의자는 아니지만, 채식주의자와 비슷한 식사를 한다. 그래서 체질적으로 가축을 사육하고 육가공을 하는 것이 잘 맞는 일은 아니다. 선교지에 필요한 일이라 시작했을 뿐이다. 내가 수의사이기 때문에 가축을 잘 키울 것으로 보이지만, 질병을 치료하는 것과 키우는 것은 다른 영역의 일이다. 아빠가 의사면 자녀의 병을 잘 돌볼 수는 있지만, 그렇다고 자녀 양육을 더 잘할 수 있는 것은 아니듯이 말이다.

그런데 잘못 기르면 질병이 생기기도 하다 보니, 키우는 닭이나 돼지가 아프면 내색은 하지 않더라도 다른 누구보다 수의사인 내 속이 탄다. 좀 이상하게 들릴지 모르지만, 돼지 한 마리가 죽기라도 하면 하늘이 무너지는 느낌이다.

양계나 양돈에서는 사육 개체의 치료보다는 예방 접종과 사양과 축사 관리를 잘하는 것이 핵심이다. 한국에서는 이미 근절된 가축 질병이 많지만, 캄보디아는 아직도 수의전염병학 교과서에서만 볼 수 있는 전염병이 수시로 창궐하고는 한다.

몇 년 전, 베트남에서 시작된 아프리카돼지열병(ASF)으로 캄보디아 양돈 농가도 큰 피해를 봤다. 이삭공동체도 모든 돼지를 살처분했다. 심적으로도 재정적으로도 큰 손해를 입었다. 이런 비슷한 경험이 여러 번 있었다.

이처럼 돼지를 직접 사육하여 판매하는 것에는 늘 위험이 따랐다. 그러므로 안정적으로 돼지를 키우기 위해서는 돼지고기를 가공하여 햄과 소시지와 떡갈비 등을 만들어 부가가치를 높여 판매할 수 있는 가공 시설과 판매 유통 수단이 필요했다. 먼저는 공동체 내에 육가공 전문가가 필요했다.

그래서 기독교 대안 학교인 민들레학교에서 교사로 섬겼던 이경민 형제에게 육가공 전문 기술을 배워서 합류해 줄 것을 권유했다. 그는 본인의 전공과는 상관이 없는 육가공 전문가 과정과 인턴 과정을 1년여에 걸쳐 마치고 캄보디아로 들어왔다.

사람만 준비되었을 뿐 아무런 다른 준비도 되어있지 않았지만, 놀라운 일이 벌어졌다. 경기도 ODA(정부개발원조) 사업에 이삭공동체 육가공 사업이 극적으로 선정이 된 것이다. 이로써 '이삭미트' 공장을 짓고, 냉장창고를 비롯하여 육가공에 필요한 기계와 설비를 구축하고, 높은 전기요금을 절감하기 위해 10킬로와트급 태양광 발전 시스템을 설치할 수 있는 재정을 지원 받았다.

육가공 공장과 설비를 다 갖추고 이어서 바로 시작한 것은 현지인 직원 교육이었다. 이삭학교 졸업생 가운데 세 명을 선발하여 어려운 발골 작업과 육가공 과정을 교육했다.

현재 이삭미트는 무항생제, 무성장호르몬, 무화학첨가제로 키운 친환경 돼지고기를 이용하여 정육, 햄, 소시지, 떡갈비, 돈가스 등 열 가지 이상의 육가공품을 생산하고 있다. 현재, 매달 돼지 열다섯 마리에서 스무 마리를 도축하여 가공하는 규모로 운영하고 있다.

이삭미트는 2024년, 처음으로 흑자를 내는 완전 자립 단계가 되었다. 양돈팀과 육가공팀의 월급 정도는 자체적으로 해결하고 있다. 이삭미트가 자립을 넘어 이삭공동체의 생활과 사역에 도움을 줄 수 있는 사회적 기업으로 성장할 수 있기를 소망하고 있다.

이삭공동체에서 양돈업을 포기할 수 없는 까닭은 우리와 함께하는 양돈 협동조합 농가들 때문이기도 하다. 양돈 협동조합 농가들은 이삭공동체로부터 새끼 돼지 4-5마리씩을 받아 키운다. 조합 농가에서 키운 돼지가 90킬로그램 정도 되면, 이삭미트에서 시세보다 좋은 가격에 구입한다.

이로써 조합 농가들은 큰돈은 아니지만 매달 100달러 정도의 수입을 얻을 수 있다. 이삭공동체와 외부 농가가 서로 협력하도록 매개하는 역할을 돼지가 해 주고 있다. 가난한 사람들의 필요를 채워주기 위해 다양한 방법으로 구제 사역을 해야 하지만, 그들에게 일거리를 주고 자립할 수 있는 경제 구조를 만들어 지역 공동체를 유지할 수 있다면 그것이야말로 가치 있는 일이라 생각한다.

이삭공동체의 양돈과 육가공 사업과 같은 공동체 사업(Community Business)은 준비되고 성숙한 공동체에 주시는 하나님의 선물이다. 공동체 사업은 이윤만을 추구하는 탐욕의 도구가 아니다. 하나님 나라 방식의 경제적 자립과 지속 가능한 선교를 위한 도구로 주시는 하나님의 선물이다. 그래서 우리는 계속 기도하며 점검해야 한다. 하나님으로부터 공동체 사업을 선물로 받을 수 있는 준비가 되었는지 돌아봐야 한다.

하나님으로부터 공동체 사업을 선물로 받기 위해서는, 산상수훈처럼 심령이 가난하고, 애통하고, 온유하며, 의에 주리고 목마르며, 긍휼히 여기며, 마음이 청결하며, 화평하며, 의를 위하여 핍박을 받을 수 있는 공동체가 되어야 한다.

사업을 잘하는 것도 중요하겠지만, 더 중요한 것은 하나님으로부터 공동체 기업을 선물로 받을 수 있는 삶이 우리에게 있느냐는 것이다. 단순히 편하게 잘 먹고 잘사는 것이 목적인 개인과 공동체가 재물을 얻는 것은 축복이 아니라 재앙이 될 수 있음을 기억해야 한다.

기독교인의 성공 기준은 세속의 기준과는 달라야 한다. 기독교인이 큰 사업을 운영하거나 연봉이 높다고 능력 있고 성공한 것이 아니다. 만약, 이런 외적인 것이 성공의 기준이 되고 목표가 되면 사탄은 필요한 모든 것을 다 공급해 줄 수도 있을 것이다. 그 사람을 교만하게 만들고 하나님을 더는 의지하지 않도록 만들 수만 있다면 말이다.

공동체 기업을 선물로 받기 위해서는 물질의 청지기가 되어야 한다. 이삭공동체가 아직 공동체 사업을 통해 경제적 자립 단계로 가지 못한 이유는 간단하다. 하나님의 저울에 이삭공동체를 달았을 때 여전히 감량해야 할 것이 많기 때문이다.

세속적 욕망의 짐을 내려놓음으로써 하나님의 계체량을 잘 통과해야 할 것이다. 이것이 공동체 경제의 가장 중요한 핵심이다.

7) 이삭유기농채소

요즘 '티핑 포인트'[10]라는 말을 자주 듣는다. 어떤 소규모 현상이 갑작스럽게 폭발적으로 확대되는 지점을 가리키는 말이다. 물은 100도씨가 되면 수증기로 변하면서 부피가 폭발적으로 증가하는데, 임계점인 100도씨를 티핑 포인트라고 할 수 있다.

캄보디아에서 온라인 교육과 온라인 마켓, 앱을 통한 배달 서비스 산업 등의 폭발적 성장은 코로나 팬데믹이 아니었으면 상상도 할 수 없었던 일이다. 코로나 팬데믹이 이러한 변화의 티핑 포인트였다.

이와 같은 개념이 선교에서 적용될 수 있다. 역사적으로 대각성 운동과 대부흥이 일어난 시점도 티핑 포인트라 할 수 있다.

캄보디아에서 24년간 사역을 하는 내내, 나의 마음 한편에는 티핑 포인트에 대한 기대가 있었다. 예수님을 제대로 알고 난 이후부터 지금까지 나의 소망은 모세처럼 하나님의 영광을 시원스럽게 보는 것이다. 그리고 바울처럼 나의 삶을 통해 예수 그리스도가 존귀함을 받는 것을 보고 싶다.

> 나의 간절한 기대와 소망을 따라 아무 일에든지 부끄러워하지 아니하고 지금도 전과 같이 온전히 담대하여 살든지 죽든지 내 몸에서 그리스도가 존귀하게 되게 하려 하나니(빌 1:20).

또 하나 간절히 기다리는 티핑 포인트는 E^3MC, 곧 생태, 경제, 교육이 함께 어우러지는 지속 가능한 건강한 선교공동체로 자립하는 순간이다. 조

---

10 2000년에 출간된 말콤 글래드웰(Malcolm Gladwell)의 베스트셀러 제목이기도 하다. 우리나라에서는 2020년에 같은 제목으로 번역되었다.

금만 더 가다 보면 그 지점을 만날 수 있겠다는 생각도 든다. 아직(not yet) 완성된 하나님 나라는 아니지만, 하나님 나라는 이미(already) 우리 가운데 임하였기에, 우리는 '지금(now), 여기서'(here) 하나님 나라를 맛보고 경험할 수 있어야 한다.

하나님께서 우리와 친히 함께하시며 모든 사람의 눈물을 닦아 주시고, 사망도, 애통도, 슬픔도, 아픔도 없는 하나님 나라를 하나님의 자녀가 된 우리가 경험하길 원한다. 하나님의 뜻이 하늘에서 이루어진 것처럼 우리가 살아가는 이 땅에서도 이루어지는 것을 보고 싶다. 겨자씨만한 하나님 나라의 소망이 오늘 우리의 삶을 통째로 뒤바꾸는 하나님의 시간(카이로스), 그 티핑 포인트를 간절히 바란다.

이삭유기농채소 사업은 이삭공동체의 자립 경제를 위한 티핑 포인트를 가져다 줄 좋은 아이템이다.

땅에 씨를 뿌려 잎을 내고 꽃을 피워 열매를 맺는 것만큼 성경적이고 경이로운 일이 어디 있을까?

그러나 이 경이로운 일은, 사람의 수고와 자라게 하시는 하나님의 은혜가 없이는 씨를 뿌려도 아무것도 거두지 못할 수가 있다. 그래서 농사는 하늘과 땅과 사람의 조화 속에 이루어진다.

씨 뿌리는 비유(마 13:1-30)에 나오듯, 농사의 기초는 알맞은 토양을 조성하는 것이다. 그런데 이삭공동체가 일구는 땅은 정말 척박하다. 우기에 비가 오면 진흙땅이 되고, 건기가 되면 괭이질도 안 될 만큼 돌덩어리 같은 땅이 된다.

이런 땅을 변화시켜 생명을 싹 틔우는 핵심 요소는 미생물이다. 좋은 땅이 되기 위해서는 눈에는 보이지 않는 미생물의 역할이 중요하다. 미생물은 꼭 히브리서에 나오는 믿음과 같다. "믿음이 바라는 것의 실상이고 보이지 않는 것의 증거"인 것처럼, 미생물은 눈에 보이지 않지만 토양의 비옥도를 높여 눈에 보이는 열매를 만들어 준다.

이삭공동체에서는 토착 미생물을 매일 만든다. 24시간 동안 밭 한쪽에 놓인 물통에서 토착 미생물을 배양하면, 토착 미생물 배양액을 만들 수 있기 때문이다. 돈도 전혀 들어가지 않는다. 100리터들이 물통 한쪽에는 먹고 남은 식은 밥, 다른 한쪽에는 주변 나무 밑에서 긁어모은 부엽토를 양파망이나 스타킹에 넣어 걸고 물을 부어 놓으면 아주 쉽게 미생물을 배양할 수 있다.

이 토착 미생물 배양액에는 유기물을 분해하여 토양을 비옥하게 만들어 줄 미생물이 어마어마한 양으로 존재한다.

이삭채소팀은 자연 농업과 자닮[11] 유기농업기술을 적용하여 한국 사람들이 좋아하는 잎채소 중심으로 채소 재배를 시작했다. 이삭공동체에서 질 키운 채소는 입소문을 통해 프놈펜에 있는 한인 교민에게 조금씩 팔 수 있게 되었고, 지금은 인기가 많아 공급보다 수요가 더 많다.

최근에는 이삭공동체 식구들을 중심으로 이삭유기농협동조합을 만들었다. 신자유주의 급물살에 올라탄 캄보디아 경제의 변화에 이삭공동체가 어떻게 대처할 수 있을지를 고민하는 과정에서 협동조합을 만들 필요를 느꼈다. 협동조합에서는 그동안의 연구와 경험을 바탕으로 열두 동의 비닐하우스를 만들어 채소 농사를 하게 될 것이다. 채소 농업에서 나오는 수익은 꿈과미래학교(DFIS) 학생들을 위한 장학금이 될 것이다. 일명 '채소

---

11 '자연을닮은사람들'(자닮)은 1991년부터 시작된 친환경 유기 농업인들의 모임이다. 자닮 활동의 핵심 목표는 농업 기술의 주도권을 농업의 주체인 농민에게 옮겨오는 것이다. 농민의 역량으로 주도되는 초저비용농업의 실현으로 유기 농업을 대중화시켜 농민과 소비자는 물론 대자연과 함께 상생하는 유기 농업의 신세계를 열고자 한다. www.jadam.kr

장학금'이다.

  영농 기술과 인프라가 제대로 보급되지 않은 캄보디아 농촌 현실에서 비닐하우스 채소 재배는 영세한 농가의 경제적 자립에 큰 도움이 될 수 있을 것이다. 캄보디아에서 비닐하우스는 온도 유지보다는 6개월의 우기 동안 비가림 목적이다. 특히, 잎채소는 비에 매우 취약한데, 비닐하우스가 있으면 일 년 내내 채소 농사를 지을 수 있다.

  히브리어에서는 '경작'을 뜻하는 단어와 '예배'를 뜻하는 단어가 어원이 같다. 하나님의 창조와 회복의 원리에 기초한 친환경적으로 농사를 짓는 농부야말로 진정한 예배자가 될 수 있다는 의미다.

  삶이 예배가 되는 예배자가 캄보디아뿐만 아니라 한국 교회에서 많이 일어나길 소망해 본다. 교사의 예배 처소는 학교가 될 것이다. 직장인은 각자의 직장이 예배 처소가 될 것이다. 우리가 경작해야 할 모든 삶의 영역이 우리의 예배 처소이고 우리의 선교 현장임을 기억하자.

3. 교육공동체

1) 학교, 배운 것을 실천하는 공간

  학교는 어떤 곳이며, 어떤 곳이어야 할까?

  보통 학교라고 하면 가르치고 배우는 물리적 공간을 생각한다. 학교를 설립한다고 하면 언제나 학교 건물이 가장 먼저 떠오른다. 그러나 물리적 공간보다 중요한 것은 가르침과 배움의 영성이다.

미국 고등교육계에서 가장 영향력 있는 인물로 알려진 파커 파머(Parker J. Palmer)는 『가르침과 배움의 영성』(*To Know as We Are Known*)에서, 가르침의 목적을 "진리의 공동체가 실천되는 공간을 창조하는 것"이라고 정의한다.[12] 진리의 공동체가 실천되는 공간이란 진리를 따라 순종하는 공간이며, 그러한 교실을 만들어야 한다는 것이다.

학교는 지식을 전달하고 습득하는 것으로 끝나는 공간이 아니라 배운 대로 실천하는 공동체가 되어야 한다. 학교는 더 큰 세상으로 나가기에 앞서 배운 지식과 진리를 미리 실험하고 경험하는 곳이 되어야 한다.

그러므로 교사는 교실을 신뢰와 포용 그리고 환대의 공동체로 만들어야 한다. 교사는 교실에서 학생이 어떤 생각이든 말할 수 있는 환경을 만들어 줘야 한다.

이런 환경을 만들기 위해 협동학습, 프로젝트 중심의 교육(PBL), 인턴십을 통해 학생들의 참여를 중요하게 생각하는 인턴십 학습(Learning through Internship) 등 참여와 경험 중심의 교육을 할 수 있을 것이다.

그러나 오늘날 대한민국의 학교는 수업 시간에 배운 진리를 삶으로 실천하는 공간이 아니다. 그저 좋은 대학에 가기 위해 배운 지식을 잘 암기하여 답안지에 옮겨 놓음으로써 좋은 점수를 받는 것이 목표가 된 지 오래다.

지식과 삶이 완전히 분리되었다. 내가 배운 지식은 그저 지식일 뿐, 그것을 삶으로 살아내야 한다는 부담을 갖지 않는다. 그런 책임을 지고 학생을 가르치는 교사도 없다. 학생 간 그리고 학생과 교사 간에 그럴 책임이 없으니 진리가 실천되는 공동체를 만들 수도 없다.

---

12 파커 파머(Parker J. Palmer)『가르침과 배움의 영성』(서울: IVP, 2014), 16.

이렇듯 앎과 삶의 분열이 생기고, 굳어지면 정신 분열증이 생길 수 있음을 파커는 경고하고 있다. 이것은 학교에서뿐 아니다. 이런 일이 오늘날 한국 교회에서는 더 심각하게 일어나고 있다. 기독교 신앙이 무엇인지 배워서 안다고 하지만, 정작 기독교적인 삶은 없다. 성경 공부와 설교는 넘치는데, 말씀을 따르는 삶이 없다. 수십 년 평생 듣고 믿어 온 것이 진리라고 고백하지만, 삶은 자신이 믿는 진리와 전혀 무관한, 거짓된 삶을 살다 보면, 파커가 경고한 대로 정신 분열증이 생길 수 있다.

교회는 건물이 아니라 그리스도를 주로 고백하고 실천하며 살아가는 사람들의 모임이다. 이런 사람들이 함께 모여 진리를 배우고 실천하는 공동체가 교회다.

마찬가지로 학교도 물리적 공간이 그 본질이 아니다. 가르침과 배움을 통해 진리가 실천되는 공동체를 창조하는 것이 교육의 목적이며, 그러한 터전이 학교다. 학교는 단지 미래를 위해 과거의 지식을 전달하고 암기하는 곳이 아니라, 학교에서 배운 지식을 실천하는 작은 세계다.

배운 진리를 삶으로 실천하는 공동체를 경험한 학생은 두려움 없이 다가올 미래를 맞이할 수 있을 것이다. 이것이 학교의 참된 역할이다.

2) 신뢰의 교육학

스페인 10대 기업 중 하나인 몬드라곤(Mondragon)은 가장 성공적인 협동조합이다. 몬드라곤 협동조합이 지금까지 지속할 수 있었던 여러 가지 이유가 있겠지만, 그 중심에는 '이카스톨라'(Ikastola)라는 협동조합형 학교가 110여 개나 있기 때문이다.

이카스톨라 교육의 핵심은 '신뢰의 교육학'이다. 이카스톨라에서는 아이들을 신뢰할 수 있는 하나의 인격적 존재로 바라본다. 학생이기 이전에 존중 받아야 할 인간, 그 자체로 가치 있는 존재임을 믿고 교육한다. 이카스톨라의 교육 목표는 복잡하고 다양한 상황 속에서도 서로 협력할 줄 아는 사람을 양성하는 것이다. 이와 같은 신뢰의 교육을 통해 성장한 학생들이 조합원이 되거나 협동조합의 주축이 되기 때문에 몬드라곤 협동조합이 성공할 수 있었다.

이카스톨라 교육이 '신뢰'를 교육의 핵심으로 여기는 이유는 가톨릭 배경에서 출발한 학교이기 때문이라 생각한다. 기독교는 사람을 하나님의 형상을 따라 창조된 존귀한 존재로 본다. 그래서 모든 학생은 하나님께서 주신 특별한 재능을 가지고 태어난 존재임을 믿는다.

이 재능을 찾고 계발해 주는 것이 교사의 역할이다. 그리고 학생은 교사와 학교 공동체를 통해 발견하고 발전시킨 재능에 대해 소명 의식을 가지고 소속된 공동체를 섬기는 것이다. 사람은 직업을 통해 개인과 가정과 지역사회를 섬겨야 한다. 직업을 소명으로 여기며 다른 사람을 섬기는 삶이 진정한 의미에서 선교적 삶이다.

신뢰의 교육학에 뿌리를 둔 교육은 학생을 천하보다 귀한 가치 있는 존재로 여긴다. 하나님 형상을 따라 창조되었기 때문이다. 하나님의 형상을 닮은 사람에게는 하나님께서 허락한 특별한 재능이 있음을 믿고, 이 재능을 함께 발견하고 계발시켜 나가는 것이 교사의 역할이다.

계발된 재능과 소명감으로 하나님을 사랑하고 내 이웃을 사랑하도록 가르치는 것이 교육의 참된 목적이다. 꿈과미래학교도 이카스톨라처럼 교사와 학생과 교육 환경 전체가 신뢰의 교육학에 기초한 교육이 되기를 소망한다.

3) 캄보디아 교육의 현주소

캄보디아 교육 현황에 관한 캄보디아 교육청의 자료를 찾아보다가 내 눈을 의심했다. 자료에서 인용한 통계청 자료가 정확한 통계인지 믿을 수 없어서 다른 자료를 찾아봤지만, 사실에 근거한 자료였음을 확인할 수 있었다.

자료에 따르면 캄보디아 초등학생 100명이 입학하면 초등학교 중퇴가 43명, 중학교 졸업자는 22명, 고등학교 졸업자는 6명, 대학 졸업자는 3명이다.

내가 처음 캄보디아에 왔을 무렵, 고졸 이상의 학력자는 100명 중 1.5명이었다.[13] 그런데 20년이 넘게 지난 지금도 열 명이 채 안 된다. 무엇보다 초등학교를 중간에 그만두는 학생이 절반 가까이 된다는 것이 너무 마음에 걸린다.

2000년도보다 고졸 이상 학력자가 약간 늘어났지만, 여전히 100명 중 94명의 학생은 고등학교를 졸업하지 못하고 중도에 학교를 그만두고 있다. 교육 받지 못하는 여러 이유가 있겠지만 가장 큰 이유는 빈곤이다.

어떻게 빈곤 문제를 해결할 수 있을까?

저개발 국가들이 가지고 있는 공통적인 문제는 '빈곤, 무지, 질병'의 악순환 구조다. 이 악순환의 고리를 끊을 수 있는 유일한 방법은 교육이다. 그러나 교육은 경제적 지원 없이는 불가능하다. 돈 걱정을 하지 않고 학교를 보낼 수 있는 경제적 상황이 되든지, 아니면 가난해도 학생이 원하기만 한다면 가서 배울 수 있는 학교가 있으면 된다.

---

[13] University of Cambodia 교육포럼에서 2001년도에 발표된 자료다.

빈곤 문제를 먼저 해결하는 것도 필요하지만 교육 받을 공평한 기회를 주는 것이 더 중요하다.

'새천년개발목표'(MDGs, Millennium Development Goals)는 UN에서 2000년에 채택된 의제로, 2015년까지 세계의 빈곤을 절반으로 줄인다는 내용을 담고 있다. 그리고 21개의 세부 목표 중 하나는 2015년까지 전 세계 모든 남녀 어린이가 동등하게 초등 교육 전 과정을 이수하도록 하는 것과 하루 1.25달러 이내의 소득으로 생활하는 사람들의 비율을 절반으로 감소시키는 것이었다.

UN 보고서에 따르면 캄보디아는 절대 빈곤 비율을 절반으로 줄이는 것에는 성공했다. 그러나 초등 교육 전 과정을 이수하는 아이들의 비율은 겨우 29퍼센트로, 목표까지는 매우 부족하다.

UN의 2016년부터 2030년까지 목표는 MDGs에서 SDGs(Sustainable Development Goals), 곧 '지속가능발전목표'로 바뀌었다. 전 세계의 모든 남녀 어린이들이 초등 교육 전 과정을 공부할 수 있게 하는 수준이 아니라, 포용적이고 공평한 양질의 교육을 보장하고 모두를 위한 평생 학습 기회를 증진하는 목표를 설정하고 있다. 이제는 양적 교육의 확장에 더하여 질적 교육까지 추구하고 있다.

그러나 캄보디아 교육 분야는 여전히 MDGs조차 따라가지 못하고 있다. 경제적 절대 빈곤은 벗어났지만, 교육의 빈곤은 여전하다. 교육의 질적 수준 상향을 추구하면서도 교육의 양적 성장도 여전히 고민해야 하는 현실이다. 그래서 저개발 국가에서 교육 선교를 하려고 할 때 어떻게 접근해야 할지 고민이 깊어지기만 한다.

이삭공동체의 꿈과미래학교는 농촌에 있지만 캄보디아에서 최고급 차의 대명사인 '렉서스'를 타고 등교하는 학생도 있다. 반면, 등교할 때는 신발을 신고 왔다가 점심시간이 되어 집에 밥 먹으러 갈 때면 신발이 닳는 게 아까워 맨발로 길을 나서는 학생도 있다. 장학금 지원을 받지 못하면 학교에 올 수 없는 가난한 아이들이 정말 많다.

전 세계의 남녀 어린이들이 초등 교육을 받도록 하는 목표도 중요할 뿐만 아니라, 다음 단계의 양질의 교육을 계속해서 받을 수 있도록 교육 내용을 개발하는 것도 중요하다.

무엇보다 학교 가는 것이 즐겁고 행복하도록 만들어 주는 것이 중요하다. 렉서스를 타고 오는 학생이든, 맨발로 다니는 학생이든 차별이 없고, 왕따가 없는 학교, 경쟁이 아니라 협력과 공동체를 경험하고 창의적이면서 비판적 사고를 할 수 있는 교육이 필요하다.

꿈을 심어 주고, 꿈을 키워 주고, 그 꿈을 통해 이타적 삶을 살 수 있도록 도와주는 교육이 되기를 소망한다.

4) 무엇이 이들을 그렇게 행동하게 했을까?

몇 년 전, 대형 태양열 조리기 제작에 필요한 기술 이전을 위해 독일에서 온 기술자이자 환경운동가가 두 달간 이삭공동체에 머물렀다. 그녀는 뛰어난 태양열 조리기술인 셰플러 반사경을 개발한 볼프강 셰플러(Wolfgang Scheffle)의 동료이자 아내인 하이케(Heike)였다.

이삭공동체에 머무르는 동안 하이케는 에어컨이 있는 게스트 하우스에 묵었는데, 더운 캄보디아 날씨에도 불구하고 에어컨을 사용하지 않았다. 너무 더우면 방문을 열고 모기장을 치고 잠을 잤다. 차 안에서 에어컨을 사용하는 것도, 차가 공회전하는 것도 불편하게 여겼다.

그때는 잘 몰랐지만 지금 돌아보면, 환경운동가의 관점에서 이삭공동체의 삶은 한참이나 함량 미달로 보였을 것이다. 하이케는 스킨스쿠버를 하고 싶었지만 차를 타고 멀리 이동하는 것 때문에 주저했다.

처음엔 그런 그녀가 이해되지 않았다. 나중에 알고 보니, 하이케의 이런 고민은 환경운동가인 그녀만이 아니라 대부분의 독일인이 같은 생각을 하고 있다는 것을 알았다.

몇 해 전, 그리스 안에 있는 시리아 난민촌에서 큰 화재가 발생했다. 이때 화재로 오갈 데 없는 난민 2,700명을 독일이 받아들이기로 했는데, 이 결정으로 독일의 여러 도시에서 시위가 일어났다. 보통은 난민 수용을 반대하지만, 이 시위의 내용은 정말 반전이었다.

독일 국민은 화재로 이재민이 된 15,000명 전체를 수용하지 않고 2,700명만을 받는 것에 반대하는 시위를 했던 것이다. 독일인들은 독일에는 그들이 거주할 공간이 충분히 있다며 피켓을 들고 소리쳤다. 유럽 대부분의 국가에서 시리아 난민 수용을 반대할 때, 독일은 이미 117만 명의 난민을 수용했음에도 불구하고 더 받자고 한 것이다.

독일인들의 시위와 대조를 이루는 일이 2018년 제주도에서 일어났다. 484명의 예멘 난민이 제주도의 무비자 입국 제도를 이용하여 입국했다. 이들이 입국하고 얼마 되지도 않아 청와대의 국민청원게시판에 올라온 난민 수용 반대 청원에 70만 명이 넘는 사람들이 동의했다.

결국, 단 두 명만 난민 자격을 부여받고 나머지는 인도적 체류 자격으로 불안정한 처지가 되었다.

난민을 대하는 태도와 대처가 어떻게 이렇게 다를 수 있을까?
한국은 어떻게 이렇게 냉혹한 사람이 많을까?

물론, 단순히 독일인은 관대하고 한국인은 냉혹하다는 식으로 말할 수는 없다. 독일은 세계 대전을 연거푸 일으켰던 나라다. 아리안 민족이 가장 위대한 민족이라 여기며 600만 유대인을 학살했던 사람들이다.

그랬던 독일이 지금처럼 난민 포용 정책을 펼 수 있는 나라가 된 것은 무엇보다도 교육 개혁이 있었기 때문이다. 독일은 수십 년이 지난 후에도 나치 정권 부역자를 끝까지 색출하여 처벌하는 등 부끄러운 과거사를 철저하게 청산하고, 다시는 이전과 같은 잘못된 역사를 되풀이하지 않도록 과감한 교육 개혁을 진행했다. 타민족에 대해 극단적으로 배타적이었던 독일이 117만 명의 난민을 수용하고도 더 수용하자며 시위하는 국민이 될 수 있었던 배경에는 다름 아닌 교육의 힘이 있었다.

독일 교육에서 강조하는 핵심 역량은 불의에 분노하고 부당한 권력에 저항하며 사회적 약자에게 공감하는 능력이라고 한다.[14] 이것은 입시 위주의 한국 교육 속에서는 찾아보기 어렵다. 독일은 소비하는 것이 미덕이 아니라 소비하는 것에서 죄책감을 느낀다고 한다.

초등학생도 환경 정의를 위해 골판지에 자신들의 생각을 담아 시위하는 모습을 보면 놀랍고 부러움을 느낀다.

독일 전문가 김누리는 『경쟁 교육은 야만이다』에서 독일 사회에서 엘리트라고 불리는 사람을 많이 만났지만 오만한 사람을 한 명도 볼 수 없었다고 한다. 그러면서 그는 "모든 엘리트가 예외 없이 겸손하다면, 이것은 개인적 특성이라기보다는 사회적 현상이라고 보아야 할 것입니다. 어떻게 이런 사회가 가능할까요?"라고 묻고 있다.[15]

그가 하고 싶었던 답은 다름 아닌 독일의 교육 때문이라는 것이다.

---

14   김누리, 『경쟁은 야만이다』 (서울: 해냄, 2024), 35.
15   김누리, 『경쟁은 야만이다』, 112.

5) 공부해서 남 주자

초등학교부터 대학 교육을 받는 동안 공부를 해야 하는 이유를 제대로 들어 보지 못한 사람이 많다. 학교 선생님과 부모님들은 보통 "공부해서 남 주냐, 다 너 잘되라고 하는 것이니 열심히 해"라고 한다.

간단히 말하면 공부의 목적이 입신양명과 출세다. 그래서 열심히 공부하라는 것이다.

이것이 맞는 말일까?

성경에 비추어 보면 어떨까?

세속적으로는 틀린 말이 아닐 수 있지만, 성경적이지는 않다.

감사하게도 나는 고등학교 시절 성경 공부 모임에서 처음으로 살아가야 할 이유와 공부해야 할 이유를 깨닫게 되었다. 간단히 말해, '공부해서 남 주자'는 것이었다. 아직 어렸던 내 눈에도 성경이 가르치는 하나님 나라 비전과 비교해 보면, 이 세상에서 잘 먹고 잘사는 것이 삶의 이유가 되기에는 너무 하찮아 보였기 때문이다.

나는 수의대를 졸업하고 대학 선배와 함께 동물병원을 개원했다. 동물병원을 하며 제일 먼저 느낀 것은 남의 돈을 벌어 먹고산다는 것이 쉬운 일이 아니라는 것이었다.

한편, 수의사로서 나도 최소한 가족 입에 풀칠은 할 수 있는 능력이 있다는 것도 확인했다. 이것을 확인한 후, 나는 미련 없이 동물병원을 그만두었다. 남 주기 위해 수의학을 공부했는데 이제 최소한 내 가족은 책임질 수 있는 능력이 된다는 것을 확인했으니, 앞으로는 나와 내 가족만을 위한 삶이 아니라 다른 사람을 위해 살아야겠다고 마음먹었기 때문이었다.

그 결과 수의사 한 명의 보잘것없는 결단이지만, 캄보디아 친구들이 멋지고 아름답게 변화되어 가는 모습을 볼 수 있게 되었다. 언젠가는 이들을 통해 캄보디아와 열방이 복을 받는 날이 오리라 믿는다.

앞에서도 언급했지만, 독일 교육이 추구하는 핵심 역량은 불의에 분노하고, 부당한 권력에 저항하고, 약자에 대해 공감하는 능력을 키우는 것이라 한다. 이러한 독일 교육에 전적으로 공감하면서 한 가지 아쉬운 점은 다른 사람을 섬기는 이타적 삶이 더 강조될 필요가 있다는 것이다.

공부해서 남 주자. 공부해서 다른 사람을 행복하게 만들고, 공부해서 다른 사람을 성공하게 하는 사람이 되기를 바란다. 만약, 다른 사람을 성공하게 하는 것이 교육의 목적이 된다면 이 세상은 지금보다 훨씬 더 행복하고 아름다운 세상으로 변할 것이다.

6) 다가올 미래를 준비하는 교육

4차 산업혁명에 따른 변화될 미래의 모습과 그러한 미래에서 요구되는 인재상은 어떤 것일까 궁금하다.

또 선교지의 미래는 어떤 모습으로 변화할까?

특히, 코로나 팬데믹의 영향으로 디지털 혁명은 숨가쁘게 진행되고 있다. 이에 따라서 꿈과미래학교가 나아가야 할 교육 방향은 어떠해야 할지 고민하게 된다.

'4차 산업혁명과 미래 교육의 방향성'을 주제로 한 EBS의 다큐멘터리 프로그램 <다큐프라임>을 흥미롭게 본 적이 있다. 이 다큐멘터리에서 강조한 미래의 핵심 역량이다.

첫째, 협력과 공감

둘째, 소통

셋째, 공동체성

넷째, 융합과 통합

다섯째, 창의성

여섯째, 비판적 사고

일곱째, 문제 해결 능력

여덟째, AI와 IT 활용 능력

놀랍게도 대학과 기업이 원하는 미래 인재상이 성경이 중시하는 가치를 추구하고 있다는 느낌을 받았다. 이지성 작가는 『에이트』(Eight)에서 4차 산업혁명 시대의 인재상을 이야기하는 중 뜬금없이 세상은 예수 같은 사람을 원한다고 말한다.

나는 이 부분을 읽으며 사실 깜짝 놀랐다. 세상은 예수를 믿기는 싫어하면서도 예수의 성품을 가진 사람을 좋아하고 찾고 있다는 것을 알게 되었다. 세상은 겸손하고 온유하며 이타적인 사람, 공감과 협력이라는 진정한 인간적 가치와 정의가 무엇인지를 아는 사람, 통합과 융합을 할 줄 아는 창의성이 있는 사람을 찾고 있다.

교회는 세속화되고 그 영향력이 약화되고 있지만, 아이러니하게도 세상은 성경적 세계관에 기초한 인재상을 요구하고 있는 것 같다.

이런 사람을 키우기 위해 이미 아이비리그와 명문 대학의 대부분 수업은 무크(Mooc)[16]나 온라인으로 진행하고, 중요하게 생각하는 인문학과 철학

---

16 온라인 공개 수업(Massive Open Online Course)을 뜻한다.

은 토론 수업으로 진행을 하는 것이 주된 흐름이 되었다. 미네르바대학은 처음부터 캠퍼스 없이 일곱 개 국가를 순회하며 온라인으로 수업을 진행하면서, 머무르는 국가마다 실질적인 문제 해결 프로젝트를 경험하는 프로젝트기반학습(PBL, Project based Learning) 수업을 진행하고 있다.

하버드, 듀크, 스탠퍼드 의과대학도 플립러닝(Flip learning, 거꾸로 학습 방식)으로 수업을 전환했다고 한다. 두 달만 지나면 의학 지식의 총량이 두 배로 늘어나는 급변하는 시대에 단순 의학 지식 전달 목적의 수업은 더는 의미가 없다고 판단했기 때문이다.

플립러닝을 하는 대학들은 기본적으로 지식 전달은 수업 전에 먼저 온라인 강의로 하고, 수업 시간에는 소그룹으로 나누어 토론하며 더 많은 실습과 심화 과정을 진행하고 있다. 이러한 이야기가 코로나 팬데믹 전에는 그렇게 실감 나게 다가오지 않았지만, 비대면이 기본이 된 팬데믹 사회를 경험한 지금은 '아 그렇구나!' 하며 자연스럽게 이해가 된다.

꿈과미래학교가 기본적으로 추구하는 교육 방법 역시 협동학습이다. 협동학습은 네 명이 한 모둠이 되어 모둠 안에서 서로 맡은 역할을 따라 협동하면서 수업에서 제시된 과제를 해결해 나가는 수업 방식이다. 협동학습의 장점은 경쟁 중심의 학습에서는 기를 수 없는 타인을 배려하는 태도를 기르는 데 유리하다는 것이다.

또한, 모둠 안에서 서로 협력하여 문제를 풀어나가는 과정에서 필요한 의사소통 기술, 곧 경청이나 칭찬과 같은 사회적 기능을 배울 수 있다. 이러한 사회적 기능은 개인의 문제 해결 능력을 증대시키고, 나아가 구성원들의 문제 해결 능력을 효과적으로 결합하여 공동의 문제 해결 능력을 극대화한다.

협동학습이 초등과 중등 과정에서 잘 정착이 되면, 고등학교 과정에서는 프로젝트기반학습(PBL)을 더 쉽게 진행할 수 있다. 프로젝트기반학습에서는 과제 해결을 위해 학습자들이 고민하고 연구하는 과정을 통해 자기 주도성과 팀워크를 계발하고, 의사소통과 프리젠테이션 능력, 창의적 사고, 비판적 사고를 훈련하게 된다.

꿈과미래학교 고등학교 과정의 프로젝트기반학습은 이삭공동체에서 진행되고 있는 자연 농업과 공동체 비즈니스 그리고 지역사회가 당면한 문제를 과제로 삼아 진행할 수 있다. 이런 학습 과정은 실제로 지역사회 문제를 개선할 방도를 찾는 효과뿐 아니라, 학생들이 지역사회와 깊은 유대감을 가지게 하는 좋은 기회가 된다.

꿈과미래학교의 유치원 과정부터 고등학교 전 과정까지 단계에 맞게 플립러닝거꾸로교실, 협동학습(cooperative Learning), 프로젝트기반학습이 잘 정착되면 변혁적 학습(TFT, Teaching for Transformation)이라는 기독교 교육의 궁극적 목표에 이를 수 있으리라 기대한다.

성경에 기록된 하나님 나라의 관점으로 세상을 보고 창조, 타락, 구속, 회복이라는 기독교 세계관의 관점으로 세상을 변화시키는 사람을 준비시킬 수 있게 되기를 기대한다.

7) 경쟁 없는 교육

세상에는 이른바 좋은 학교와 좋은 교육이 넘쳐난다. 미션 스쿨도 많고, 미션 스쿨로 시작한 역사와 전통을 자랑하는 대학들도 많다. 한국에도 선교사가 세운 명문 대학들이 있다.

꿈과미래학교를 시작하며 다양한 교육 방법론과 교육 시스템에 대해서 조사했다. 북유럽 국가를 대상으로 한 교육 다큐멘터리와 다양한 관련 도서를 찾아 읽었다. 한국을 비롯한 미국의 유수의 대학과 공립학교와 대안학교와 공동체 학교를 방문했다.

참 부러울 때가 많았다. '내가 다녔으면 좋았겠다' 싶고 우리 아이를 보내고 싶은 여러 학교를 경험했다. 왜 한국 공교육에서는 이런 교육이 불가능할까 안타까웠다.

지식의 양으로만 보면 한국만큼 공교육 수준이 높은 곳은 없을 것이다. 한국만큼 어려운 수학을 공부하고 있는 나라도 없다. 학습량과 지식 수준은 높지만, 학생들의 행복도는 최저다. 한국 청소년 사망원인 1위가 자살이다.[17]

한국 청소년의 주관적 행복지수는 OECD 22개 회원국 중 22위로 꼴찌다.[18] 한국의 청소년들은 공부량은 최고지만 행복도는 꼴찌 수준이고 사망원인 1위가 자살인 국가에서 살아가고 있다.

한국 교육에 희망의 길을 만드는 것은 불가능할까?

학생들이 행복한 학교를 만들 수는 없을까?

한국 청소년들의 행복도를 바닥 치게 하고, 아이들을 자살로 내모는 것은 극한의 '경쟁'이다. 경쟁에서 탈락할지 모른다는 두려움, 경쟁에서 밀려났다는 박탈감이 청소년들의 삶을 지옥으로 만든다.

독일 철학자 아도르노(Theodor L.W. Adorno)의 말처럼 '경쟁은 야만'이다. 청소년의 삶에서 야만을 없애기 위해서는 학습 경쟁을 없애야 한다. 경쟁 없는 교육 환경 안에서 비로소 우정과 사랑에 기초한 이타적 삶을 누릴

---

17 『2022년 자살예방백서』, 보건복지부, 한국생명존중희망재단.
18 연세대학교 사회발전연구소의 2021년 연구 자료.

수 있다. 경쟁 없는 곳에서 창조적 지성과 정의와 공의에 기초한 비판적 사고와 공감 능력을 키울 수 있다.

남을 위하는 이타적 삶을 인생과 공부의 목적으로 하는 학교를 만들 때 이러한 교육이 가능하지 않을까?

'배워서 남 주라'고 가르치는 학교, '남 줄 것'을 가르치는 학교가 있다면 학생들도 행복하지 않을까?

물질을 더 많이 가지는 것이 아니라 더 나누는 것을 가르치는 학교가 필요하다. 아동과 청소년들이 외로이 생존 경쟁에 내몰리는 것이 아니라, 공동체를 이루어 함께 희망의 길을 만들 수 있도록 격려하는 꿈과미래학교가 되기를 소망한다.

꿈과미래학교는 배워서 남 주는 학교, 배워서 가난한 자와 사회적 약자를 섬기고, 시대의 대안을 만들어 내고 하나님의 이름과 영광을 드러내는 사람을 키우는 하나님의 학교가 되기를 기도한다.

4. 공동체 학교

1) 교육이 공동체의 근본

기독교공동체의 본질을 이야기할 때 교육을 이야기하는 사람은 많지 않겠지만, 우리 이삭공동체는 교육을 공동체의 근본으로 삼고 있다. 지금의 이삭공동체는 농촌 청년 교육을 위해 설립된 학교인 ISAC(Institute for Sustainable Agriculture & Community Development)의 졸업생들이 함께 모여 이루어졌기 때문이다.

열아홉, 스무 살이던 친구들이 이제는 결혼하여 두세 명씩 자녀를 두고 있다. 교육에서 시작된 공동체가 이제는 공동체 자녀와 지역사회 아이들의 교육 문제를 해결하기 위해 오랫동안 기도하며 학교를 준비했다. 마침내 꿈과미래학교(DFIS, Dream & Future International School)라는 국제 학교를 시작할 수 있었다.

우리가 캄보디아에서 제일 먼저 한 사역은 지역사회개발과 교육 사업이었다. 당장 직면한, 먹고 마시고 살아가는 문제를 해결하기 위해 지역사회 보건선교전략(CHE, Community Health Evangelism) 프로그램을 통한 지역사회 개발 사역을 했다.

그러나 지금 현재 당면한 문제만 푼다고 되는 일이 아니었다. 그래서 가까운 미래를 생각하며 사람을 준비시키기 위해 청년 대상의 학교를 시작했다. 2003년에 프놈펜에서 남쪽으로 두 시간 정도 떨어진 농촌에서 700평 정도 되는 땅을 100달러에 임대를 했다. 그리고 그곳에 2층으로 된 초가지붕의 학교를 지었다.

이렇게 쉽게 학교를 시작할 수 있었던 것은 나의 단순한 믿음이나 용기 때문이 아니다. 우리보다 더 열악한 상황 속에서 기숙학교를 운영하는 지도력특성개발학교(LCDI, Leadership Character Development Institute)를 보면서 많은 것을 배울 기회가 있었던 덕분이다. 이 학교는 말레이시아인 교육가가 캄보디아에 세운 학교다. 프놈펜에 센터가 있고, 여러 지방에 분교가 있었다. 분교에서 6개월을 배우고 나면, 6개월은 프놈펜으로 와서 교육을 받는 시스템이다. 전체 1년의 교육이 끝나면 자원봉사로 지방에서 인턴십을 한다.

이곳 교육의 핵심은 리더십과 영어 교육이다. 내용은 간단하지만, 학생들의 변화는 강력했다. 지방으로 분교가 개척되어 나가는 속도가 엄청났다.

견학을 가서 만난 학생들은 눈빛이 살아 있어 반짝거렸다. 교회나 선교사가 운영하는 센터에서 모든 것을 지원 받으며 제자 훈련을 받는 학생들에게 익숙한 내 눈에는, 허름한 환경에서도 스스로 활기차게 학교를 운영해 나가는 LCDI 학생들의 헌신이 훨씬 아름답게 보였다.

이 외에도 LCDI를 보면서 몇 가지 느낀 것이 있었다.

첫째, 기독교 세계관에 기초한 통합적 복음으로 동기 부여를 제대로 하면 학생들이 발전적으로 변화할 수 있다는 확신이 들었다.

둘째, 학생들에게 적당한 재정 부담을 지게 하는 것이 교육적으로 더 좋다.

셋째, 학교에서 중요한 것은 준비된 교사이지 건물이 아니라는 것이다.

나는 LCDI를 보며 깨닫게 된 경험을 바탕으로 이삭(ISAC)학교를 시작했다. 아무것도 없는 700평 땅을 빌려 단출한 초가집 학교를 지었다. 이것이 이삭학교의 출발이다. 이때 이삭학교의 목적은 간단히 말하면 '신앙이 있는 동네 이장 만들기'였다.

그러면 누가 동네 이장을 할 수 있을까?

영어도 곧잘 하고, 컴퓨터도 다룰 줄 알고, 땅만 있으면 먹고 살 수 있는 농업 기술이 있고, 이타적이고 정직하면 좋은 이장감이다. 그런 사람이면 아마 이장이 아니라 면장이 되고도 남을 것이다.

처음 모집한 청년 중에는 고등학교 졸업자가 몇 명 되지 않았다. 학생들의 나이는 평균 20세 정도였다. 집이 가난해 공부를 더 할 수는 없고, 학력이 낮아 양질의 일자리를 구할 수는 없으니 소문을 듣고 이삭학교를 찾아왔다.

학비는 매달 본인들이 먹을 쌀 15킬로그램이었다. 입학금 50달러도 받았다. 사실 입학금도 1년에 두 차례 앙코르와트와 바닷가 수학여행 때 각자가 용돈으로 사용하도록 했지만, 공짜가 아니라 학비가 있다는 것은 학생들에게 중요한 의미가 있다. 비용을 들일 만한 가치 있는 일로 여기게 되어 중간에 그만두는 일을 막아 주기 때문이다.

이삭학교에서 가르치는 것은 자연 농업, 양돈, 양계, 원예, 영어, 컴퓨터, 동기 부여, 지역사회보건선교전략 과목이다. 네 시간은 교실에서, 네 시간은 농장 등의 현장에서 수업한다.

개교한 후 수업을 진행할수록 처음에는 답답한 현실에 지쳐 흐리던 청년들의 눈빛이 빛나기 시작했다. 그 눈빛에는 단순한 호기심보다 더 의미심장한 것이 어려 있었다. 예수 그리스도가 그들의 심장에 거하시며 예수 보혈이 그 안에서 흐르기 시작했고, 이들 마음에 하나님 나라의 꿈이 생겼기 때문이었다.

이삭학교의 설립은 선교 사역의 일환이었지만 학교 운영에서 종교적인 모든 것은 학생 자율에 맡겼다. 특별히 동기 부여 시간을 통해 성경과 기독교 세계관을 가르치지만, 정기적인 예배에 참여할지 말지는 학생의 자유다.

그런데 놀랍게도 입학 후 6개월 정도 지나면 학생 대부분이 예배에 참석한다. 견습 교사로 교육에 참여하는 현지인 졸업생 선배들이 훌륭한 신앙인의 모범이 되어 주기 때문이다.

공동체 생활 가운데 선배들이 영어와 지식을 가르치는 것뿐 아니라 신앙도 자연스럽게 전수한다. 이것이 이삭학교의 큰 장점이다.

현재 이삭공동체 가족의 85퍼센트는 이삭학교 출신의 졸업생이다. 이들은 견습 교사로 이삭학교 사역에 참여하여 공동체를 경험했고, 마침내 이삭공동체 가족이 되어 목사, 교사, 이삭미트, 양계, 양돈, 원예, 건축, 태양광 전문가, 목공 전문가로 일을 하고 있다.

스무 살 즈음에 처음 만났던 청년들이 이제 다들 결혼하여 25가정을 이루었다. 이들의 자녀들은 꿈과미래학교 유치원과 초등학교를 행복하게 다니고 있다. 농촌 청년들의 미래를 위해 학교를 시작했고, 졸업한 학생들은 공동체를 만들었고, 이 공동체는 다시 학교를 만들어 자녀를 가르치고 있다. 참으로 멋지고 가슴 뛰게 만드는 아름다운 이야기다.

2) 다음 세대를 준비하는 꿈과미래학교

청년들을 대상으로 했던 이삭학교에서 가장 아쉬웠던 점은 세계관 형성에 가장 중요한 시기인 유아기, 유년기, 청소년기 교육을 하지 못한다는 것이었다. 만약 어릴 때부터 이들을 만나 체계적인 교육을 할 수 있었다면 얼마나 좋았을까 생각했다. 그래서 이삭공동체 자녀들과 마을 아이들을 대상으로 유치원을 시작했다. 유치원 교육을 통해 성장하는 아이들의 모습은 우리의 큰 기쁨이었다.

그런데 유치원을 졸업한 후 다시 공립 초등학교로 진학하면 교육했던 모든 것이 수포가 되는 것을 보게 되었다. 그래서 초·중·고등학교를 시작해야겠다는 마음을 가지게 되었다.

먼저는 교사를 준비하는 것이 중요했다. 기존 공립학교 교사를 데리고 기독교 교육과 미래 역량 교육을 하는 것은 불가능했다. 그래서 이삭학교 졸업생과 교회의 청소년들을 준비시켜 교대와 사범대학에 전략적으로 진학시켰다. 교대와 사범대학을 다니면서 전공별 전문성을 획득하고 교사 자격증을 취득하는 등의 준비를 한 것이다.

그러나 기독교 교육이 무엇인지 경험하지 못한 상태에서 새로 교사가 된 청년들이 기독교 세계관에 기초하여 가르치고 학교를 운영하는 데는 너무나 큰 한계가 있었다. 이런 상황을 극복하기 위해 2016년부터 GT(God's Teacher)선교회와 좋은교사운동의 도움을 받으며 학교 커리큘럼을 준비하고 교사 교육을 시작했다.

일반 학교와 다른 꿈과미래학교의 장점은 공동체 학교라는 점이다. 이삭공동체는 생태, 경제, 교육, 선교가 함께 어우러지는 E^3MC(Ecology Economics Education Mission Community)의 실험실이자 생명 운동이 일어나는 곳이다. 꿈과미래학교의 학생들은 유치원부터 고등학교를 졸업할 때까지 이삭공동체가 지향하고 꿈꾸는 미래를 함께 공유하고 개발하고 문제 해결에 참여하는 특권을 누리게 된다. 이 과정을 통해 각자의 소명을 따라 공동체를 이루어 가난한 이웃을 섬기고 하나님 나라를 확장하는 사람으로 성장하게 될 것이다.

지금 꿈과미래학교를 다니는 유치원 초등학생들이 성인이 되어 새로운 상상력으로 우리의 상상을 초월하는 학교와 공동체를 캄보디아 곳곳에 만드는 것을 상상하면 가슴이 뛴다.

꿈과미래학교는 이처럼 다음 세대를 준비하기 위한 목적으로 설립되었다. 유치원부터 고등학교까지 기독교 세계관에 기초한 생태적 상상력과 창의성과 비판적 사고력과 협동심과 소통과 공감력을 가진 사람으로 양육하는 것이 꿈과미래학교의 교육 목적이다. 함께 같은 곳을 바라보며 하나님 나라를 같이 꿈꿀 수 있다는 것이 감사하다. 이것이 가능할 수 있는 것은 이삭학교를 통해 하나님 나라의 가치를 배우고 공유한 경험이 있기 때문일 것이다.

꿈과미래학교는 성경이 가르치는 하나님 나라 가치에 기초한 네 가지의 핵심 가치를 가지고 있다.

첫째, '존엄한 인간'이다. 꿈과미래학교는 인종, 빈부, 성별, 학력과 상관없이 모든 사람이 평등하고 존엄함을 믿는다. 사람은 하나님의 형상이기 때문이다. 그래서 꿈과미래학교는 모든 억압으로부터 자유하고, 이웃을 사랑하고, 세상 안에서 정의와 평화를 추구한다.

둘째, '생태적인 삶과 문화 변혁'이다. 하나님은 모든 만물을 창조하셨고, 인간은 창조의 동역자로 부르셨다. 그래서 인간은 창조 세계를 지키고, 보전하고, 지속 가능한 개발을 통해 생태적 삶을 실천하고 문화명령을 따라 세상을 변혁하는 사람이 되는 것이다.

셋째, '가난한 자와 약자를 섬기는 삶'이다. 꿈과미래학교의 교육 목표는 각자의 소명을 따라 어떤 삶을 살고, 어떤 일을 하든 권력과 권위로 군림하는 사람이 되는 것이 아니라 지극히, 작은 자를 섬기는 사람이 되는 것이다.

넷째, '공동체'다. 꿈과미래학교는 이삭공동체와 다양한 공동체 네트워크를 통해 자립과 지속 가능한 삶의 기술들을 습득하여 삶의 다양한 영역에서 대안적이고 재생산 가능한 공동체를 만들어 나눔을 실천하는 그리스도의 제자를 양성하길 소망한다.

3) 21세기 미래 사회 핵심 역량

꿈과미래학교의 정문으로 들어서면 '21세기 미래 사회 핵심 역량 4C'라는 문구를 멋지게 디자인하여 세워 놓은 것을 볼 수 있다.

'4C'는 창의성(Creativity), 의사소통(Communication), 비판적 사고(Critical thinking), 협업(Collaboration)을 뜻하는데, 이것은 미국의 교육과정재설계센터(CCR, Center for Curriculum Redesign)를 만든 국제 교육 전문가 찰스 파델(Charles Fadel)이 언급한 것이다. 그는 21세기에는 학생들이 무엇을 배워야 하느냐는 질문에 답하기 위해 CCR을 만들었고, 2009년에는 『21세기 핵심 역량』(21st Century skills)에서 '4C'를 처음으로 언급했다.

P21(The partnership for 21st Century Skills)은 미국의 주요 경제계 인사와 교육 지도자, 정부의 정책 결정자들이 주축이 되어 교육 문제 해결을 위해 만든 연합체다.

P21에서의 활동을 바탕으로 찰스 파델은 다른 공저자들과 함께 2015년에 『4차원적 교육』(Four Dimensional Education)을 발간하였다. 이 책은 불확실성의 시대를 살아가는 21세기 학습자에게 필요한 역량으로 지식(knowledge), 능력(skills), 인성(character) 그리고 메타학습(meta-learning)을 소개했다.

찰스 파델과 공저자들은 미래 시대 학습자에게 필요한 역량에 대해 말하고 있지만, '지식'을 제외하면 학교에서 시험 점수를 올리기 위한 역량과는 거리가 멀다. 그렇다면 우리는 질문을 던져야 한다.

우리의 학교 교육은 도대체 어디로 가고 있나?
미래를 준비하는 교육인가?
아니면, 여전히 과거를 답습하는 교육인가?

21세기의 미래 교육의 문제 해결을 위해 만든 'CCR', 'P21', 'OECD 교육2030프로젝트' 등에서 결론적으로 이야기하는 미래 인재상은 놀랍게도 공감 잘하고, 협력 잘하고, 겸손하고, 이타적인, 인성 좋은 사람이다. 더하여 인문학적 소양과 다른 전문 분야를 융합할 수 있는 능력을 갖춘 사람이 주목받을 것이다.

그렇다면 한번 해 볼 만하지 않을까?

이런 소양을 갖춘 사람은 어떤 다른 학교보다 꿈과미래학교가 더 잘 준비시킬 수 있기 때문이다. 이를 위하여 꿈과미래학교의 핵심 가치와 21세기 핵심 역량인 4C를 융합하여 꿈과미래학교의 네 가지 교육 목표를 만들었다.

첫째, 진리를 따라 행하는 정의롭고(Justice) 비판적인 사고(Critical thinking)를 할 수 있는 사람으로 교육한다.

둘째, 창조 세계의 생태적 삶(Ecological Life)을 살아가는 창의적인 사람(Creativity)으로 교육한다.

셋째, 협력할 줄 아는(Collaboration) 이타적인 사람(Altruistic person)으로 교육한다.

넷째, 약자의 편에서 공감할 수 있는(Sympathy) 을 사람(Communication skill)으로 교육한다.

이러한 목표를 한마디로 이야기하면, '하나님의 나라와 정의와 공의를 추구하는 그리스도의 제자 양성'이다.

꿈과미래학교 비전은 비록 시작은 미약하지만 원대한 미래의 꿈을 담았다. 비전이 없으면 사역이 지속 가능할 수 없기 때문이다. 꿈과미래학교의 비전은 다음과 같다.

첫째, 캄보디아 대안 교육의 교육 과정과 교육 철학을 연구하고, 한국과 세계의 교육과 교육 기관과 네트워크를 만들고, 교육 전문가와 함께 연구하는 교육 연구소를 만드는 것이다.

둘째, 캄보디아는 검정고시 같은 개념이 아직 없으므로 중도에 학업을 포기한 학생들을 위한 온·오프라인 과정을 만들어 학업을 지속할 수 있는 교육 플랫폼을 만드는 것이다.

셋째, 캄보디아 교대와 사범대 예비 교사와 공립학교 교사들의 역량을 키우기 위해 꿈과미래학교 내에 교사 연수원을 만드는 것이다. 교사 연수의 후속 조치로 지속적인 교육 콘텐츠를 지원하고 돕는 것도 중요하다.

넷째, 캄보디아 교대와 사범대학 예비 교사 제자 훈련을 통해 기독 교사로 준비시키고, 캄보디아 좋은교사운동을 만들고, 기독 교사 국제네트워크를 만드는 것이다.

다섯째, 교육과 실천적 삶과 영성이 통합된 이삭공동체를 통해 꿈과미래학교의 다음 과정인 이삭대안대학을 만드는 것이다.

이 과정은 캄보디아어와 영어로 진행되는 국제 프로그램으로 만들어 다양한 국적의 학생들이 참여하여 대안 공동체 만들기, 창업, 적정 기술, 협동조합, 대체 의학, 발효와 토착 미생물 연구, 대안 교육 과정 만들기, 기후 전문가 과정을 운영하게 되기를 기대한다.

세월이 흐르면 시대적 요구도 변한다. 시대적 요구에 따라 전략도 바뀐다. 20년 전 캄보디아에 비하면 지금의 캄보디아는 상상을 초월할 만큼 변했다. IMF(World Economic Outlook, 2025년 10월) 자료에 따르면 2000년에 1

인당 GDP¹⁹가 300달러였는데 2025년은 2,810달러가 되었다.

  이에 따라, 이삭학교의 방향성도 수정이 필요했다. 그래서 이삭학교를 이삭대안대학으로 새롭게 준비해야 할 필요를 느끼며 이를 위해서 고민하고 있다. 이삭대안대학은 단순히 현재 유효한 학위를 제공하기 위한 것이 아니라, 변해서는 안 될 가치를 지키면서도, 미래를 준비하는 대학으로 준비하고자 한다. E³MC의 모든 가치를 담은, 작지만 강한 공동체 대학을 준비하고자 한다.

  대안 대학의 모델은 스페인 몬드라곤팀아카데미 (MTA, Mondragon Team Academy) 이다. 몬드라곤팀아카데미는 협동조합형 창업 교육을 목적으로 "평범한 사람들이 모여 비범한 일을 이룬다"라는 철학을 가지고 기업가 정신, 리더십, 혁신을 가르치고 있다.

  수업 방식은 캠퍼스 중심의 수업이 아니라 여러 나라를 다니면서 프로젝트를 따라 팀 창업을 하는 방식이다. 하나님께서 이삭공동체의 미래를 어떻게 인도하실지는 모르지만, 이삭공동체에 가장 어울리고 적절한 대안 대학이 준비될 수 있기를 소망하고 기도하고 있다.

---

19 Gross Domestic Product: '국내총생산'으로, 일정 기간 한 국가 영토 내에서 생산된 시장 가치다.

제3장

선교공동체와 미래

1. 공동체의 선교

1) 공동체 멘토링

나는 모든 것을 스스로 결정하며 선교의 방향을 잡아 나가야 하는 선교지에서 늘 두려움이 있었다. 내 생각이 아니라, 하나님의 뜻을 따라 선교의 방향을 잡아야 한다고 생각할 때, 과연 내가 올바른 방향으로 걷고 있는가 고민이 되었다.

그럴 때면 나는 가장 먼저 성경에 비추어 나의 내면세계와 세계관을 점검했다. 선교사로 살아가는 근본적 동기가 무엇인지, 내가 무엇을 위해 선교지에 있고 지금 무엇을 하고 있는지를 점검했다.

사역의 목표가 하나님의 영광이라고 하지만, 내면 깊은 곳에 내 꿈과 야망을 이루고자 하는 욕망은 없는가?
나의 진짜 관심사가 하나님 영광인가?
내 영광, 성공, 칭찬, 인정받고 싶은 욕망에 기인한 것은 아닌가?

이렇게 자신의 사역에 대해 스스로 점검하지 않는 이상, 선교사는 제대로 점검을 받을 기회가 거의 없다. 사역에 대한 컨설팅을 받아 보지 않았기 때문에, 나중에 시니어 선교사가 되어도 후배 선교사에게 도움을 주지 못한다. 협력 사역을 하면 좀 나은 환경이 될 수 있지만, 협력 사역조차 선교사 간의 적절한 선이 있으므로, 사역과 삶의 피드백을 주고받기가 쉽지가 않다.

그리고 선교사의 삶은 타 문화권 속에서 대개 '주는'(giving) 위치에 있기에 현지 협력 파트너로부터 객관적인 평가를 받을 수도 없다. 이런 상황이 지속되면 위험에 빠져도 위험을 모른다. 잘못된 길을 가더라도 잘못된 것을 모른다. 지금 하는 사역의 방향이 잘못되었을 때는 빨리 방향 수정을 해야 한다. 그러나 몰라서 방향 수정을 못 하기도 하고, 알아도 어쩌지 못할 때가 있다. 이것이 선교사 개인이 독지적으로 진행하는 선교의 한계다. 팀 선교를 한다고 해도 이런 어려움은 종종 발생한다.

선교사가 사역을 점검받을 수 있는 가장 좋은 환경은 공동체다. 공동체 생활을 하며 다양한 사람을 만나는 과정에서 자신을 보게 된다. 다른 사람과 교제하면서 나를 돌아보게 되고, 나와 비슷한 사람을 만나게 되면 상대방을 통해 나의 연약함을 알게 된다.

공동체 식구들이 서로의 거울이 된다. 다른 사람도 모르고, 나도 몰랐던 내 모습을 형제의 모습을 통해 발견하게 된다. 그리고 정말 성숙한 인격과 영성을 가진 사람을 만나 교제할 때, 마치 꽃 앞에 오래 서 있으면 꽃향기가 배듯 그 사람에게 물들어 내 삶이 정화된다.

옛날 교부 시대 사막에서 오랫동안 수도하며 하나님을 깊이 만난 수도자의 이야기가 있다. 그가 속세에 나타나 설교를 하자 예수님을 뵌 사람들이 그랬듯이, 듣던 무리가 가정까지 버리고 그 수도자를 따라나섰다고 했다.

이처럼 성숙하고 겸손한 사람과의 교제는 우리 삶을 정화해준다.

그러나 교제만으로는 부족하다. 제대로 공부해야 한다. 편협한 공부가 아니라 통합적이고 포괄적인 공부가 필요하다. 다양한 장르의 폭넓은 독서가 필요하다. 생존을 위한 독서, 편협하지 않기 위한 독서, 바른 순종을 위한 독서를 해야 한다. 이것은 혼자 하기가 쉽지 않다. 신학과 이데올로기의 도그마에 갇히지 않기 위해 오픈된 대화와 나눔이 필요하다. 나보다 앞서 해당 주제를 연구하고 고민하는 사람의 이야기를 듣고 책을 추천 받아 읽으면 많은 도움과 갈증이 해소된다. 공동체 안에서 관심 있는 사람들끼리 독서 모임을 하면 훨씬 풍성한 지적 정화의 시간을 가질 수 있다.

감사하게도 나는 이런 시간을 캄보디아에서 가질 수 있었다. 캄보디아에서 받은 축복 중 하나는 젊은 선교사 가정들과 함께 공동체로 사역할 수 있게 된 것이다. 생각의 결이 비슷한 선교사들과 계속해서 대화하고 나눌 기회를 주신 것이 감사하다.

조금 더 오래 살고 먼저 사역지에 온 사람으로서 가지게 된 인맥을 사용하여 청년 선교사들에게 도움이 될 멘토를 연결해 주는 일도 중요한 것 같다. 먼저 길을 나선 선배만이 할 수 있는 일이기 때문이다. 하나님 나라를 위한 청출어람의 기회와 생태계를 만들어 주는 것이 공동체 선교의 가장 큰 책임이라 생각한다.

2) 형제를 통한 하나님의 인정

오래 전 미국 OMSC(Overseas Ministry Studies Center, 해외선교연구센터) 대표였던 조나단 봉크(Jonathan J. Bonk) 박사 가정에 초대를 받은 적이 있다. 봉크 박사는 캐나다 출신으로 메노나이트 배경을 가진 선교학자다.

그는 에티오피아 선교사의 자녀로 자라서 에티오피아 선교사가 되었다. 그의 저서 『선교와 돈』(대한기독교서회, 2010)은 선교학의 고전 같은 책이다. 함께 식사하며 사역에 관하여 진솔하게 이야기를 나누었는데, 그는 이삭공동체와 E³MC(생태·경제·교육·선교·공동체) 관련 이야기를 듣고 크게 감동했다.

나중에 봉크 박사는 OMSC가 주관하는 북미 선교학회 콘퍼런스에 나를 발제자로 초대해 주었다. 나는 메노나이트 국제선교본부가 주최하는 대륙별 지역 책임자 선교 콘퍼런스인 MCC(Mennonite Central Committee)에 강사로 초대를 받았다.

여러 강사 중 한 명으로 초청된 줄 알고 가벼운 마음으로 회의 장소로 향했는데, 도착하고 보니 내가 이번 MCC의 두 명의 강사 중 한 사람이었다. 그리고 다른 한 사람이 바로 봉크 박사였다. 봉크 박사와 시간을 반반 나누어 강의하는 주 강사로 초청된 것이다.

이 사실을 미리 알았다면 부담이 되어 아마 강의를 고사했을 가능성이 크다. OMSC 프로그램에 참석할 때만 해도 나는 그저 학생이었을 뿐인데, 봉크 박사를 통해서 생각지 못한 경험을 하게 된 것이다.

그뿐만 아니라, 봉크 박사는 한국선교학회의 초청으로 세미나에서 강의한 후 질의응답 시간에 모범적인 선교 사역 모델로 우리 이삭공동체 E³MC를 소개한 적이 있었다. '당신들이 찾는 선교의 모델을 서구의 대단한 선교사가 아니라 당신네 한국 사람이 만들고 있다'고 하는 글을 선교 관련 저널을 통해 읽으며 감동했던 기억이 난다.

봉크 박사와의 에피소드들을 소개하는 이유는 다른 것이 아니다. 비중 있는 국제 콘퍼런스에서 강의하고 이삭공동체의 사역이 소개되는 것을 보는 경험은 물론 기쁘고 뿌듯한 일이었다.

그러나 나의 삶은 보통은 그러한 기쁨이나 만족감과는 별로 관련이 없다. 오히려 아무도 가지 않는 길을 홀로 걷고 있는 듯한 외로움을 느낄 때가 많다. 하나님께서 봉크 박사를 통해 나를 인정해 주신다는 마음이 들어 그저 감사할 뿐이다.

세상의 가장 큰 위로는 다른 것이 아니라 하나님께서 나를 기억해 주시는 것이다. 우리가 하는 일이 무엇이든 하나님께서 그 일을 지지해 주신다면 그 이상 더 필요한 것은 없다. 그런데 하나님께서는 지지와 응원을 바로 형제자매들을 통해 전해 주신다.

내가 OMSC에서 공부했던 2000년대 중반에 E^3MC(생태·경제·교육·선교·공동체)는 개념만 정리되고 아직 열매는 달리기 전이었다. 그러나 훌륭한 농부는 씨만 봐도 나무와 열매를 볼 수 있다고 했다. 씨앗 속에 어마어마한 나무가 될 수 있는 유전자가 다 들어있기 때문이다. 이처럼 E^3MC라는 씨앗 속에 하나님 나라의 가치가 풍성하게 담겨 있는 것을 봉크 박사가 알고 있었다는 생각이 든다.

하나님께서 부족한 나 자신과 이삭공동체가 가고 있는 길이 틀리지 않음을 격려해 주시기 위해 봉크 박사를 통해 다양한 기회를 주셨다. 봉크 박사의 특별한 멘토링이 연약한 나 자신과 사역을 굳건하고 반듯하게 세우는 기회가 되었다.

3) 공동체가 하는 선교

봉크 박사가 이삭공동체의 공동체 선교에 관심을 가지는 것은 그가 철저한 신앙적 공동체를 추구하는 재세례파인 메노나이트 배경의 선교학자이기 때문이라 생각한다. 그의 눈에 장로교 배경을 가진 한국 선교사가 선지에서 공동체 선교를 대안으로 추구하는 것이 특별해 보였을 것이다.

그렇지만 내게 선교와 공동체는 결코 분리될 수 없는 가장 중요한 주제다. 이 책을 집필하면서 선교와 공동체를 따로 나누어 집필할까도 생각했지만 그렇게 하지 않은 이유가 그것이다.

선교만 이야기하면 자칫 마음과 삶의 변화가 아닌, 개종에만 초점이 맞춰질 수 있다. 흔히 군선교에서 신병훈련소에서 세례자를 얼마나 많이 만드느냐에 관심을 가지는 것과 같다. 그러나 기독교의 핵심은 개종이 아니라 회심에 있다. 종교를 기독교로 바꾸는 것이 중요한 것이 아니라 세례 요한의 가르침처럼 진실하게 회개하고 그에 합당한 삶의 열매를 맺는 것이 더 중요하다. 진정한 회심에는 삶의 변화가 따른다. 삭개오가 그랬고 바울이 그랬다.

회심은 개인적이지만, 회심 이후 삶의 변화는 그것을 돕고 격려해 줄 수 있는 신앙 공동체를 필요로 한다. 이슬람이나 공산권처럼 기독교에 적대적인 지역에서는 신앙으로 말미암아 직장을 잃거나 공동체에서 쫓겨나는 등의 핍박을 받는 경우도 많다. 그러므로 신앙을 격려하고 경제적 자립을 도와줄 수 있는 좋은 신앙 공동체가 꼭 필요하다.

보나콤(Bona Community)[1]의 강동진 목사는 선교지에서 양계 세미나를 많이 개최한다. 특히, 양계 사업은 돼지고기를 먹지 않는 이슬람권에서 회심한 성도의 경제적 자립을 돕는 공동체 선교의 좋은 방안이 될 수 있다고 한다.

기독교 선교의 한계는 선교사들이나 현지 개종자들끼리 협력이 잘 이루어지지 않아 공동체의 선교로까지 발전하지 못하는 데 있다고 본다.

---

1 1998년에 충북 보은에서 '예수마을'로 시작된 기독교 농촌 공동체다. 'bona'는 '좋다'라는 뜻의 라틴어다. bonacom.or.kr.

이슬람 선교는 철저히 공동체 주도의 선교다. 기독교 선교가 개인이 각자 구멍가게를 열어 비슷한 상품을 이곳저곳에서 팔고 있는 식이라면, 이슬람 선교는 여러 사람이 힘을 모아 큰 백화점을 만들어 다양한 상품을 모양 나게 판매하는 것과 같다.

기독교 선교는 때로는 심지어 선교사들끼리 경쟁을 벌이는 모양새지만, 이슬람 선교는 개인과 단체 심지어 국가까지 초월하여 공동의 사역을 벌이는 것을 본다. 한 마을을 한 국가가 지원하기도 하고, 한 나라를 국제적인 이슬람 연합 공동체가 함께 통합적으로 지원하기도 한다.

예를 들어, 캄보디아에서 모스크 사원 건축과 종교적 지원 사업은 대부분 사우디아라비아와 파키스탄 이슬람 원리주의 공동체에서 지원을 많이 한다. 지금까지 150개가 넘는 모스크와 35개 이상의 이슬람 고등교육 기관이 세워졌다. 그리고 매년 100명이 넘는 유학생이 이슬람 공동체의 지원을 받아 유학을 떠나, 이슬람 종교 교육과 의학, 컴퓨터공학 등 다양한 분야에서 교육을 받고 다시 캄보디아로 돌아오고 있다.

교육과 사회 분야의 지원은 튀르키예, 말레이시아 이슬람 공동체가 주로 한다. 캄보디아에서 최고로 수준 높은 유치원, 초·중·고등학교와 대학까지 설립하고 상위층 자녀들만 갈 수 있는 학교를 만들었다. 한 개인이나 교회가 할 수 없는 규모의 이슬람 선교를 이슬람은 공동체로 연합해서 한다. 놀랍고 부럽지만, 무서운 일이다.

교회가 초대교회의 전통을 지금까지 이어오고 있었다면 오늘날 우리의 선교도 당연히 공동체가 하는 선교였을 것이다. 모라비안 공동체가 좋은 예다. 진젠도르프(Zinzendorf)의 도움으로 헤른후트(Herrnhut)에 정착한 이들은 삶과 직업을 통해 가장 어렵고 힘든 곳에서 자급자족하는 선교 원칙을 가지고 살았다. 1732년부터 1760년까지 모라비안 공동체는 10개국에

226명의 선교사를 파송했고, 그 후로 지금까지 대략 3천 명의 선교사를 파송했다. 이 숫자는 공동체에서 열두 명 중 한 명이 선교사로 나갔다는 의미다. 선교학자인 구스타프 바르넥(G. Warneck)은 "헤른후트 사람들은 20년 만에 다른 개신교가 200년 동안 선교한 것보다 더 많은 선교부를 설치했다"라고 말한다.[2]

모라비안 선교공동체에도 한계는 있어 보인다. 그들의 선교 사역은 이방인들의 회심에만 비중을 많이 두었지, 회심 이후의 양육이나 문화적 사명과 사회적 책임 부분에 관해서는 관심이 부족했다. 그러므로 모라비안 선교공동체처럼 직업과 사역, 삶과 영성이 함께 가는 공동체적 통합 선교를 모색하는 한편, 모라비안 선교공동체의 한계를 생태적 통합 선교로 극복하는 것이 우리의 과제라 생각한다.

교회가 공동체성을 잃어버리고 난 후, 선교도 공동체성을 잃어버렸다. 백석대학교에서 선교학을 가르쳤던 방동섭 교수의 저서『십자군이 아니라 십자가의 정신입니다』(이레서원, 2001)라는 제목이 새롭게 다가온다. 십자가 정신으로 선교지를 갔지만 시간이 지나면 십자가 정신은 온데간데없고, 선교지의 정복자가 되어 군림하려고 하는 십자군이 될 수 있음을 주의해야 한다.

십자가 정신은 사랑과 연합이다. 사랑과 연합은 공동체를 만들고, 공동체는 예수님의 사랑으로 주변을 돌아보고 섬기고 협력하게 된다. 이것이 자연스러운 공동체 선교의 모델이다.

---

2 이상규, "이상규 교수가 쓰는 선교역사, 진젠돌프와 모리비아인들의 선교", KCM, 2001, 7월호.

4) 공동체가 되는 선교

공동체는 E³MC의 마지막 종착역이다. 공동체는 생태(Ecology), 경제(Economics), 교육(Education), 선교(Mission)를 하나로 통합하고 모든 것을 담을 수 있는 그릇이다. 공동체의 중심은 사람이다. 어떤 프로젝트나 기관이 아니다. 그래서 공동체(community)를 유기체라고 한다.

이 땅에서의 선교는 하나님 나라로 귀결되고, 하나님 나라는 선교 속으로 녹아 들어간다. 선교 속으로 녹아 들어간 하나님 나라 문화는 현지 문화 속에 자연스럽게 스며들어 현지의 문화를 하나님 나라 문화로 변화시킨다. 이것을 가능하게 하는 것이 공동체다. 한 개인이 토착 문화에 영향을 주기는 어려운 일이지만, 공동체는 기존의 문화에 선한 영향을 잘 미칠 수 있기 때문이다.

이러한 공동체 선교의 좋은 예로는 100년 이상 이어져 내려오는 독일의 신앙공동체 브루더호프(Bruderhof)가 있다.[3] 특별히 놀라운 점은 브루더호프공동체의 지속적인 성장과 재생산이다. 브루더호프공동체 정신을 따라 살기를 원하는 사람들이 계속 늘어나고 있다. 유럽과 미국의 기독교 인구가 계속 줄어들고 있는 시대적 상황에서 새로운 공동체가 생겨나고 있다는 것은 놀라운 일이다.

특별히, 공동체에서 태어나 성장한 자녀들이 다시 공동체에 헌신하는 일들이 더 많이 늘어나고 있다. 성경 말씀을 따라 살아가는 것을 원칙으로 하는 원형적 기독교공동체를 지향하고 있기 때문이라 생각된다.

---

[3] www.bruderhof.com

이삭공동체는 E³MC 사역 철학을 가진 걸음마 단계에 있는 공동체다. 대부분의 공동체 식구는 이삭학교를 통해 처음 예수를 알게 된 학생들이다. 이제 출발 단계에 있는 이삭공동체가 벌써 지속성과 재생산성을 고민하는 이유는, 선교공동체는 성경 말씀을 원칙으로 하여 끊임없이 변화와 성숙을 향하여 나아가야만 하기 때문이다.

지속성과 재생산성이야말로 영원한 것만이 가질 수 있는 특성이다. 선교공동체는 선교 단체가 아니다. 단순히 선교 프로그램을 운영하는 것이 목적이 아니다. 초대교회의 원형을 따라 철저한 제자도의 삶을 사는 것, 곧 영원한 가치를 추구하며 성령의 인도와 기름 부으심으로 살아가는 것이 선교공동체의 목적이다.

사역의 전문성과 통합성도 중요하지만, 무엇보다 성령 안에서 깨어 있는 영성이 있을 때 하나님의 뜻이 이루어지는 온전한 선교공동체가 될 수 있다.

또 한 가지 중요한 것은 선교사가 아니라 캄보디아 형제자매들이 이삭공동체의 중심이 되는 것이다. 캄보디아 공동체 식구들이 같은 마음과 뜻을 가지고 E³MC의 비전을 이루어 가야 한다. 이 일에는 시간이 걸릴 수 있다. 그러나 인내하며 함께 가야 한다. 혼자 빨리 가는 것이 중요한 것이 아니라 함께 멀리 그리고 끝까지 완주하는 것이 중요하다.

이런 의미에서 공동체의 자립을 위한 공동체 기업 설립 등의 프로젝트도 중요하지만, 무엇보다 공동체 안에 있는 사람이 제일 소중하다는 것을 잊어서는 안 된다.

하드웨어가 다 있어도 정작 핵심 소프트웨어인 사람이 없는 공동체라면 무슨 의미가 있겠는가?

결국, 이삭공동체가 추구하는 재생산, 다른 표현으로 하면 지속 가능성이란 공동체 안에서 공동체성을 가진 사람이 계속 재생산되어 다른 곳에서도 생명력 있는 삶을 살아가게 하는 것이다. 지역과 나라와 민족의 경계를 뛰어넘어 공동체의 가치와 영성을 품은 사람을 재생산할 수 있다면, 캄보디아에서 토착화된 선교공동체가 자연스럽게 이루어 질 뿐 아니라 그곳에서도 그 생명력을 이어갈 수 있을 것이다.

5) 사시나무에서 공동체를 배운다

추위나 공포에 떠는 사람을 비유하여 '사시나무 떨 듯한다'라는 표현을 사용한다. 사시나무를 영어로 'tremble tree'라고 하는 것을 보면 아마 서양에서도 비슷한 비유로 사용될 것 같다. 사시나무는 더위에 약한 나무다. 더운 날씨에서 사시나무의 생존 전략은 뿌리에 저장된 물을 계속 끌어올려 잎의 숨구멍을 통해 물을 발산하며 자신과 주변 온도를 낮춘다. 유독 잎자루가 가늘고 긴 사시나무는 물을 배출하는 과정에서 잎이 파르르 떨린다.

이렇게 떨리는 사시나무는 약해 보인다. 하지만, 실제로는 외유내강의 나무다. 약한 모습을 극복하기 위해 사시나무는 옆에 있는 다른 사시나무의 뿌리와 하나로 연결한다. 연결된 뿌리가 땅속 깊이가다가 생존에 적당한 환경을 찾으면 뿌리에서 다시 새로운 사시나무가 토양을 뚫고 올라온다. 이런 생존 전략으로 사시나무는 군락을 이루게 된다. 토양 위 나무는 독립된 개체 같지만, 아래로는 서로의 뿌리가 하나로 연결된 유기체다. 물과 영양분이 있는 곳에 뿌리를 내린 사시나무 한 그루가 있으면 주변 사시나무들도 공존할 수 있다. 미국 유타주에는 무려 4만 그루의 사시나무가 하나의 유기체로 집단 서식하는 곳도 있다.

사시나무 생태계를 보면서 배우는 교훈이 크다. 사시나무 한 그루 한 그루는 독립된 개체지만 보이지 않는 땅속에서는 뿌리가 서로 연결되어 한 몸을 이룬다. 이들은 생명을 공유하며, 서로에게 절대적으로 의존하고 있다. 이는 한 그루만 제대로 물과 영양분에 뿌리를 내리고 있어도 함께 공존할 수 있다는 뜻이다.

사시나무의 공동체성을 보며 생각나는 것은 포도나무 비유다.

> 나는 포도나무요 너희는 가지이다. 사람이 내 안에 머물러 있고, 내가 그 안에 머물러 있으면, 그는 많은 열매를 맺는다. 너희는 나를 떠나서는 아무것도 할 수 없다(요 15:5).

사시나무는 토양 위에 보이는 가시적 부분은 독립된 개체처럼 보이지만 토양 속에서는 전체가 하나로 연결된 유기적 공동체다.

내가 부족하거나 상대가 부족하더라도, 같은 뿌리로 예수 그리스도께 연결되어 있으면 공존할 수 있다. 누가 더 많고 적고가 아니라, 전체가 골고루 성장할 수 있도록 만든다. 내 것을 내 것이라 고집할 이유가 없는 이유는 생명의 근원 되시는 예수 그리스도께 뿌리를 내린 한 몸으로 서로 연결되어 있기 때문이다. 이렇게 연결된 유기적 공동체의 존재 이유는 나눔과 섬김과 공존 그 자체다.

사시나무는 고린도전서 12장에 나오는 하나의 몸과 많은 지체에 대한 비유를 잘 설명해 준다. 몸은 하나지만 많은 지체가 있고, 몸의 지체는 많지만, 그들이 모두 한 몸이듯 예수님과 우리도 한 몸을 이룬 관계다. 그래서 한 지체가 고통을 당하면, 모든 지체가 함께 고통을 당하고, 한 지체가 영광을 받으면, 모든 지체가 함께 기뻐할 수 있는 것이다.

사시나무의 뿌리처럼 우리는 생명의 근원 되신 예수님께 연결되어 있기 때문이다. 이것이 진정한 교회 공동체의 모습이다. 외부적으로 드러나는 모습은 독립적 개체지만 뿌리를 통해 흐르는 예수님의 DNA는 같다. 외부의 어떤 위협에도 견딜 수 있다. 한 나무만 살아도 같이 살 수 있기 때문이다. 이 연결과 하나 됨이 공동체의 신비다. 사람이 할 수 있는 것이 아니라 성령을 통해서만 가능하다. 사도행전 성령 강림을 통해 일어난 일이다.

그러나 이 일은 지금도 일어난다. 물론, 아주 드물게 볼 수 있다. 사시나무 4만 그루가 하나의 뿌리로 연결된 것처럼, 성령을 통해 상상을 초월하는 방식으로 하나로 연결될 수 있다. 이런 공동체가 우후죽순처럼 일어나기를 소망한다.

한국 교회와 선교지 교회가 지역사회 안에서 아낌없이 주는 한 그루의 사시나무가 되어 준다면 연약한 다른 이웃 교회를 살리고 지역사회를 살릴 수 있을 것이다. 뿌리가 서로 연결되면 생명을 나누는 관계가 되기 때문이다. 이삭공동체도 다른 누군가를 위한 한 그루의 사시나무가 되기를 소망한다.

6) 아포토시스

부산의료선교회 세계로병원(MMF)의 외과 전문의 이혁진 선생과 세포 자멸에 대한 대화를 하면서 공동체에 관한 귀한 깨달음을 얻었다. 세포(cell)와 공동체에 관한 나눔이었다. 사람의 몸은 아포토시스(apoptosis, 세포 자멸사)라는 과정을 통해 비정상 세포, 손상된 세포, 노화된 세포를 새로운 세포로 만들어 간다. 정상적인 세포는 짧게는 2시간, 길게는 7년의 주기로 수명을 다하여 우리 몸을 새롭게 만들어 가고 있다.

우리가 인식하지 못하지만, 우리 몸은 몇 시간 전의 몸과는 다른 상태가 된다. 건강한 몸은 계속적인 아포토시스가 일어나는 것을 통해 유지된다. 세포가 죽음의 명령에 순종함을 통해 생명이 살아난다. 이 과정에 이상이 생기면 염증이나 암이 발생한다. 세포 불순종의 결과가 염증이나 암이라고 할 수 있을지도 모르겠다.

공동체의 성장과 지속 가능한 선교의 모델도 아포토시스의 원리에서 찾아볼 수 있다. 사람의 몸처럼 기독교공동체 또한 생명을 가진 유기체이기 때문에 비슷한 원리가 적용된다. 세포의 아포토시스처럼 기독교공동체 안에서 공동체 구성원의 자기 부인과 내려놓음 없이는 공동체의 성장을 기대할 수 없다. 죽음으로만 부활을 경험할 수 있기 때문이다.

생명을 가진 공동체는 과거를 살지 않는다. 보이지 않고 아직 이루어지지 않은 미래를 믿음으로 현재로 가져와 사는 것이다. 이것이 이미(already)와 아직(not yet)의 긴장 속에서 하나님 나라를 소망하는 그리스도인들의 삶이다.

스탠리 하우어워스(Stanley haurwas)와 윌리엄 윌리몬(William Willimon)은 공저『주여 기도를 가르쳐 주소서』(Lord teach us)에서 우리가 지금까지 "하나님의 나라가 임하옵시며"라는 소망으로 가득 찬 기도를 드렸다면, 이제는 "뜻이 이루어지이다"라는 인내의 간구를 배울 차례라고 도전을 북돋는다.[4]

내 뜻을 이루기 위해 기도하는 것이 아니라, 하나님께서 뜻하시는 것이 이루어지도록 기도하기 위해서는 철저히 자기를 부인하고 인내하는 것이 필요하다. 세포의 아포토시스처럼 자아가 죽을 때 비로소 이 땅 위에 하나

---

4 스탠리 아우어워스 외,『주여 기도를 가르쳐 주소서』(서울: 복있는 사람, 2006), 106.

님의 뜻이 이루어질 수 있다.

> 내가 진실로 진실로 너희에게 이르노니 한 알의 밀이 땅에 떨어져 죽지 아니하면 한 알 그대로 있고 죽으면 많은 열매를 맺느니라(요 12:24).

이 같은 내적 아포토시스 없이 공동체의 성장과 지속 가능한 토착 선교의 모델은 기대할 수 없을뿐더러 세포의 이상 변이로 인해 공동체에 치명적인 질병이 일어날 수 있음을 기억해야 한다. 세포의 아포토시스는 긍정적이다. 부정적인 것이 아니다. 세포 분열의 과정을 통해 각 세포의 역할과 기능은 DNA를 통해 그대로 다음 세대로 전달이 되기 때문에 미래를 염려할 필요가 없다.

그리고 하나님 나라의 큰 그림과 아포토시스의 관점에서 볼 때, 선교공동체는 하나님의 뜻을 이루기 위한 작은 도구임을 깨닫고, 도구로 사용됨에 감사해야 한다. 지속적인 사멸의 과정, 즉 자기 부인과 내려놓음의 과정으로 들어가는 것을 두려워해서는 안 된다. 이전의 모습은 없어질 수 있지만 완성된 하나님 나라를 보게 될 것이다. 개인은 잊힐 수 있지만, 하나님의 영광은 영원할 것이다.

이 원리를 깨닫게 될 때 현지 중심의 토착화된 교회와 선교가 가능하게 되고, 하나님 나라 중심의 공동체가 가능하리라 믿는다. 때가 되면 아포토시스의 과정을 거쳐 선교사는 사라지지만, 변하지 않는 하나님 나라의 DNA는 다음 세대로 전달될 것이다.

전쟁 영화에서 함성 외에는 대사 한마디 없이 주인공 한 명을 위해 존재하는 수백, 수천의 엑스트라 군인이 죽어 넘어지는 장면을 보며 항상 드는 생각이 있다. '저 군인도 자기 인생에서는 주인공일 텐데, 누군가의 귀한 자식이고, 아버지고, 남편일 텐데' 하는 생각에 왠지 가슴이 먹먹해진다.

선교지와 교회에서 스치는 수많은 사람이 있다. 이들은 내 인생을 위한 엑스트라가 아니다. 이들이 주인공인 인생에 내가 참여하는 것이다. 그들의 인생에서는 그들이 주연이고, 목사나 선교사는 조연이다. 현지 교회가 주인이고, 선교사는 집 짓는 일을 돕기 위해서 온 일꾼이다. 일꾼이 집주인을 무시하고 마음대로 일하면 안 된다. 주인이 동의하고 주인이 요청하면 동역하는 것이다. 주인보다 내가 더 많이 배웠고, 더 좋은 자원을 가졌다고 해서 내 마음대로 하면 안 된다.

전쟁에는 영웅이 필요하지만, 역사에는 공동체가 필요하다. 역사는 영웅에 의해 창출된 것이 아니라, 아포토시스 과정을 잘 감당한 위대한 평민들을 통해 이어져 왔다. 역사는 들판의 이름 모르는 잡초처럼 이름도 빛도 없이 꿋꿋하게 살아왔던 민초들에 의해 이어져 왔다.

세포의 아포토시스를 기억해야 한다. 전쟁 속에 이름 없이 사라지는 엑스트라 역할을 목사와 선교사가 해야 한다. 죽음으로 새로운 생명을 살리는 생명의 신비와 숙명에 순종해야 한다. 아포토시스를 선교에 적용할 때 선교지의 자신학을 만들 수 있다. 아포토시스는 세례 요한의 영성이다.

> 그는 흥하여야 하겠고 나는 쇠하여야 하리라 (요 3:30).

엑스트라는 주인공을 빛나게 하는 역할이다. 엑스트라가 스포트라이트를 받으면 영화는 망한다. 엑스트라와 조연 덕분에 주연이 빛나는 영화가 천만 영화가 된다. 그래야 대박이 난다. 세포가 아포토시스를 안하면 염증이나 암으로 진행되지만, 잘 사멸하면 새로운 세포가 탄생한다.

역사의 주인은 예수 그리스도시다. 예수님께서 주연이시지만 우리를 주연급 조연으로, 동역자(Co-worker)로 불러 주셨다. 사람을 하나님의 형상으로 창조하신 후 사람에게 창조의 동역자이자 청지기로 불러 주셨다. 하나님의 아이콘인 우리는 세례 요한처럼 동역하고, 공동체를 이뤄야 한다. 나는 망해도 되지만, 너는 흥해야 한다. 옆 사람이 내 등을 딛고 올라서도록 도와야 한다.

세속적 리더십은 윈윈(win-win)을 가르치지만, 둘 다 승리한다고 윈윈이 되는 것이 아니다. 성경은 윈윈을 말하지 않는다. 그는 흥하고 나는 쇠하여야 한다. 한 알의 밀알처럼 떨어져 죽어야 한다.

내가 아포토시스로 세포 자멸의 길을 걸을 때, 새로운 생명의 세포가 만들어진다. 그렇기에 우리의 간절한 소망은 내가 발을 딛고 서 있는 이 땅 위에 나의 나라가 아니라 하나님 나라가 임하고, 나의 뜻이 아니라 하나님의 뜻이 이루어지는 것이다.

7) 자립, 자전, 자치, 자신학의 공동체

헨리 벤(Henry Venn)과 루퍼스 앤더슨(Rufus Anderson)의 토착화 원리를 바탕으로 네비우스(Nevus)를 거쳐 한국 선교에도 적용된 삼자 원리가 있다. 교회는 자립(self-support), 자전(self-propagation), 자치(self-governance)라는 요소로 구성된 자존감(self-worth)을 가져야 한다는 것이다.

한국 선교에 헌신한 초기 선교사들이 이 원리를 적용한 선교 정책을 폄으로써 한국 교회는 상당히 독립적이고 건강한 모습으로 자리 잡았다. 그러나 아쉽게도 한국 교회는 자신학(自神學)을 세우는 것은 실패했다. 1930년대의 서구 유학파들이 서구 신학을 그대로 받아들여 한국 교회의 신학

체계를 세웠기 때문이었다.

초기 한국 교회가 받아들인 당시 서구 신학은 현시대의 모든 것은 종말에 전부 사라지고 말, 허무한 것이라고 여기는 세대주의 종말론의 영향을 받은 신학이었다. 그러므로 복음에 비추어 세상을 통합적으로 보지 못하고 영적인 것을 경건한 것으로, 물질적인 것을 세속적인 것으로 구분하는 이원론적인 경향이 뚜렷했다. 교회의 현실 참여가 심각하게 탄압을 받은 암울한 일제강점기를 보내며 한국 교회는 이러한 이원론적인 신학으로 더 치우치게 되었다.

현실의 악을 고발하고 해방의 미래를 선포하는 출애굽기를 비롯한 예언서들은 설교 본문으로 사용하지도 못하게 되었다. 성경 해석도 영적인 해석만 가능하지, 현실 참여적인 해석은 설교할 수 없었다. 자연스럽게 신학이 영적인 것만 가치 있다고 하는 영지주의적 경향으로 흘렀다.

이러한 배경에서는 한국 사람 속에 깊이 뿌리박고 있는 세계관의 문제를 복음적으로 통찰할 수가 없었고, 자신학에 대한 성찰이나 연구를 할 기회를 얻을 수도 없었다. 그런 가운데 문화적으로는 유교가, 종교적으로는 샤머니즘이 한국 교회의 신학과 신앙에 그대로 영향을 미치게 되었다. 성경의 가르침대로 살아내는 것보다 유교 경전을 대하듯 성경을 복기하는 데만 치중했다. 하나님과의 인격적 만남은 중요하지 않고, 그저 예수 믿고 복 받는 것이 한국 교회의 주된 가르침이 되었다.

만약, 초기 한국 교회가 한국 사회에 깊이 뿌리내린 종교와 문화와 세계관 연구를 통해 자신학을 성찰할 기회가 있었다면, 한국의 토양에서 크게 자라날 수 있는 한국적 신학이 뿌리내릴 수 있었을 것이다. 그러나 그렇게 되지 못한 아쉬움이 크다.

한국 기독교 초기에 일본 제국주의에 맞서 저항했던 많은 독립운동가와 선각자가 기독교를 받아들였고, 서구 선교사들 중 일부도 일본 제국주의에 맞서 함께 저항을 했다. 3.1만세운동과 독립선언문을 작성한 민족대표 33인 중 16명이 기독교인으로 알려져 있다.[5]

우리 민족이 가지고 있었던 독립 정신과 저항 정신, 평등 정신, 평화주의가 자신학화를 통해 한국 교회의 신학에 스며들었다면, 한국 교회의 모습은 지금과 사뭇 달랐을 것이다.

역사적으로나 경제적으로 한국과 같이 어려움을 극복해 낸 특별한 나라가 많지 않기에, 자신학화 작업만 제대로 되었다면 세계 여러 나라에 한국적 신학으로 선한 영향력을 미쳤을 것이다. 그러나 너무 안타깝게도 한국 교회는 그렇게 하지 못했다.

자신학을 만드는 경험을 하지 못한 한국 교회의 한계는 선교지에서 자선교학의 부재로 그대로 드러나고 있다. 한국 선교사는 선교지로 나가면 각자의 교단 신학교를 현지에 그대로 세운다. 선교지의 종교, 문화, 역사, 세계관은 고려하지 않고 자신들이 이식받은 서구 신학을 그대로 선교지에 이식하려고 하는 것이다.

로컬 푸드보다는 해외에서 수입한 식품이 몸에도 좋고, 맛있고, 위생적으로 잘 만들어져서 이것만 먹으면 건강해진다고 하는 것과 다를 바 없다. 음식을 먹을 사람의 건강 상태, 알러지 여부, 입맛 등은 고려하지 않고 음식을 주는 것이다.

오랫동안 한국세계선교협의회(HAMA) 사무총장을 역임한 한정국 목사는 "한국 교회와 선교 위기의 근본적인 문제가 한국 신학과 한국 선교학의 자신학화와 자선교학의 미정립에 있음을 확인하게 되었다"라고 말한다.[6]

---

5   위키백과, 민족대표 33인.
6   한정국, "한국선교 어디까지 왔나? 그리고 어디로 가야 하나?: 한국선교의 성취와 전망",

한국 교회의 근본적 위기가 한국 신학의 자신학화 실패에 기인할 정도로 자신학화가 중요하다는 것이다.

그렇기에 한국 선교사가 많이 나가 있는 선교지의 미래가 걱정이다. 한국 교회가 범한 실수를 선교지 교회가 다시 범하지 않기 위해서는 선교지 교회들이 자신학을 세울 수 있게 돕는 자선교학이 필요하다. 이를 위해서 진지한 연구와 고민이 필요할 것 같다.

한국 교회는 자신학을 세우지 못한 한계를 겸손히 인정해야 한다. 선교사는 선교지에서 신학을 가르치기 이전에 선교지의 종교, 문화, 사회, 역사 등에 관한 심층적인 연구와 배움의 시간이 필요하다. 그러나 그러한 시간을 갖지 못한 우리 선교학의 현주소에 대한 자각 위에서, 지금 선교지에서 이루어지고 있는 신학 교육과 제자 양육에 대한 성찰이 시급하지 않나 생각한다.

성경은 배타적인 민족주의를 지지하지는 않는다. 그러나 각 민족의 특수성과 민족 단위의 모임과 회합에 대한 구절은 성경에 자주 등장한다.

> 하나님이여 민족들이 주를 찬송하게 하시며 모든 민족들이 주를 찬송하게 하소서(시 67:3).

> 그때 민족들과 나라들이 함께 모여 여호와를 섬기리로다(시 102:22).

> 모든 민족을 그 앞에 모으고(마 25:32).

---

http://koreaef.org/bbs/zboard.php?id=b_01&page=7&sn1=&divpage=1&sn=off&ss=on&sc=on&select_arrange=headnum&desc=asc&no=816

이와 같은 구절을 보면 자신학의 중요성을 깨닫게 된다.

이런 상상을 해 본다. 캄보디아 교회와 신학자들이 캄보디아의 자신학을 만들어 간다면, 그 과정 가운데 하나님 말씀으로 캄보디아의 역사, 문화, 종교에 깊이 뿌리내리고 있는 세계관을 통찰하는 시간을 가질 수 있을 것이다. 그러면서 캄보디아 민족을 향한 하나님의 오묘한 뜻과 계획도 발견할 수 있을 것이다.

그때 그들은 이렇게 고백하게 될 것이다. 캄보디아 기독교는 서양인 선교사나 한국인 선교사가 준 것이 아니라, 바로 하나님께서 캄보디아 민족을 사랑하셔서 친히 주신 선물이라고 말이다.

2. 하나님 나라 품앗이

1) 어떻게 살 것인가?

덴마크 교육 이야기를 담은 『삶을 위한 수업』[7]에 이런 이야기가 나온다.

> 덴마크의 부모들은 자식의 연봉이나 직장의 안전성을 걱정하지 않습니다. 대신 이걸 걱정합니다. 내 아이가 열정을 가지고 행복하게 할 수 있는 일을 과연 스스로 찾을 수 있을까?

짧은 문장이지만, 덴마크 학부모의 클래스를 엿볼 수 있는 글이다.

---

7 마르쿠스 베른센, 『삶을 위한 수업』 (서울: 오마이북, 2020), 239.

덴마크는 어떤 사회적 환경과 교육 시스템을 가졌기에 부모가 이런 생각을 할 수 있을까?

참으로 부럽다. 목사, 선교사보다 더 성경적인 자녀 교육관을 가지고 있는 것 같다.

이런 차이는 다름 아닌 덴마크의 교육 때문이라 생각한다. 덴마크는 학교에서 8학년이 될 때까지 점수와 등수를 매기지 않는다. 교실이 우등생과 열등생이라는 두 개의 그룹으로 나뉘는 것을 방지하기 위해서다.

나는 초등학교 4학년 때 시험 등수대로 왼쪽부터 순서로 대로 앉아 공부한 경험이 있다. 그때도 편치 않았지만, 지금 생각하면 경쟁 교육의 끝판왕을 보았던 것 같아 아찔하다. 학생들의 자신감, 자존감에 큰 상처를 주는 최악의 교육을 받았다. 시험 성적으로 학생을 차별하고 경쟁을 너무 당연한 것으로 받아들이는 교육이었다.

덴마크에는 '에프터스콜레'(Efterskole)라는 '인생설계학교'가 있다. 중학교를 졸업하고 고등학교에 가기 전 1년 동안 쉬었다 가는 기숙학교다. 부모와 떨어져 1년 동안 국어, 영어, 수학 등 기본과목만 공부하면서, 자기가 좋아하는 것을 실컷 하고 새로운 친구를 사귀는 학교다. 덴마크에는 무려 250개의 에프터스콜레가 있다.

이삭공동체가 꿈과미래학교 학생들을 위한 에프터스콜레, 인생설계학교의 역할을 하면 좋겠다. 1주일에 한 번은 교실이 아니라 바깥 세상이 학교가 되고, 그곳에서 만난 농부, 시장 사람들, 툭툭[8] 기사, 박물관, 도서관, 영화관, 대자연이 교사가 되는 기회를 만들어 주고 싶다.

하나님께서 원하시는 자녀 교육은 어떤 것일까?

---

8   오토바이를 개조하여 만든 3륜차로 캄보디아에서 흔히 쓰이는 운송 수단이다.

말씀을 통해 자존감과 자신감을 심어 주고, 돈이 목적이 아닌 열정을 가지고 행복하게 할 수 있는 일을 찾도록 도와주고, 하나님 나라 청지기로서의 사명을 깨닫도록 돕는 것이 하나님께서 원하시는 자녀 교육이 아닐까 생각한다.

아이 한 명을 교육하기 위해서는 온 마을이 필요하다는 말처럼 공동체 전체가 공동체 자녀를 양육해야 한다. 보리떡 다섯 개와 물고기 두 마리가 한 아이의 손에 들려 있었음을 기억해야 한다. 한 아이가 기적의 출발이다. 나 자신에게 다시 묻는다.

정말 열정을 가지고 행복하게 할 수 있는 일을 찾았는가?

그렇다면 남은 삶을 어떻게 살다가 가야 할까?

짐 엘리엇(Jim Elliot)[9]처럼 영원한 것을 얻기 위해 영원하지 않은 것을 버리는 자는 결코 바보가 아니다.

우리에게 영원한 것은 무엇일까?

하나님 나라다. 하나님 나라는 이미 우리에게 임하였다. 그러나 아직 완성되지는 않았다. 하나님께서는 지금도 이 땅 위의 모든 것이 그분께 복종하기를 기다리신다. 하늘에서 이루신 것처럼 땅 위에서 그분의 뜻을 반드시 이루실 것이다.

마지막 남은 과업을 성취하실 추수 잔치에 우리를 초대해 주신 것이 감사하다. 캄보디아라는 광야 학교로 우리를 부르신 것이 감사하다. 이 광야에서 우리를 만나 주신 것이 감사하다.

---

9 짐 엘리엇을 포함한 5명의 미국 선교사는 1956년 1월 8일 복음을 전하기 위해 에콰도르 정글 속에 살고 있는 와오다니족을 찾아갔지만 이 부족에 의해 살해 당했다. 이 순교자들로 인해 미국 교회는 선교의 대각성이 일어나고 순교자의 아내들이 다시 이 종족을 찾아가 복음을 전하게 되면서 이 종족이 복음으로 변화되는 놀라운 일이 일어난다. 책 "전능자의 그늘"과 영화 '창 끝'을 통해 짐 엘리엇의 삶을 더 깊이 알 수 있다.

광야의 삶이 고난의 삶인 줄만 알았는데, 이렇게 행복한 삶이 숨어 있는 줄 몰랐다. 우리가 그분의 일을 하면, 그분께서는 우리의 일을 하시기 때문이다. 우리에게 하나님의 일을 맡기신 이유는 추수의 기쁨을 맛보여 주시기 위해서다. 우리에게 행복을 선물로 주시기 위해서다.

하나님은 전지전능하신 분이시다. 어떤 부족함도 없으시다. 혼자 일하는 것이 편한 분이시다. 결심만 하면 사람이 100년을 해야 할 일을 하루아침에 하실 수 있는 분이시다.

이런 하나님께서 고집불통인 사람과 보조를 맞추는 것이 얼마나 번거로우실까?

그러나 하나님께서는 우리를 그분의 동역자로 부르셨다. 창조의 과업을 우리에게 맡기셨다. 우리가 대단해서가 아니다. 우리의 믿음이 좋아서가 아니다. 하나님 나라의 기쁨과 감격을 우리와 함께 누리기 위해서 불러 주신 것이다.

밭의 주인께서 일꾼인 우리를 추수 잔치에 초대해 주셨다. 전부 하나님의 소유들로 차려진 잔칫상에 우리는 숟가락을 하나 얹었을 뿐이지만, 하나님께서는 우리를 잔치의 주인공처럼 대우해 주신다.

이것을 은혜라고 한다. 받을 만한 자격이 없지만, 하나님의 선물로 받은 것이다. 다시 나 자신에게 묻는다.

이런 은혜를 받았는데 나는 어떻게 살 것인가?

그리고 여러분은 어떤 삶을 살기 원하는가?

2) 부모의 마음

부모님께 종종 전화를 드린다. 나의 부모님께서는 캄보디아에서 우리가 어떤 사역을 어떻게 하고 있는지, 얼마나 많은 사람이 우리를 통해 예수를 믿고 변화되었는지는 전혀 관심이 없으시다.

부모님의 궁금증은 한가지다.

"그래 밥은 묵고 사나. 애미는? 새끼들은?"

경상도 분이라 질문도 짧다. 나도 대답이 간단하다.

"예. 잘 먹고 삽니다. 애미도 건강하고, 새끼들도 잘 크고 있습니다."

그러면 전화기에서 '뚜뚜뚜' 소리가 난다. 전화비 많이 나온다며 금방 끊으신다. 우리 목소리도 더 듣고 싶고 손자 손녀 목소리도 듣고 싶으실 텐데, 얼른 전화를 끊으신다.

아주 가끔 궁금하신 것이 하나 더 있다.

"소는 새끼 낳고 잘 크나?"

오래전 선교지를 한 차례 방문하신 적이 있으신데, 그때 이삭공동체에서 풀을 뜯고 있던 소 몇 마리가 늘 기억나시는 것 같다. 부모님과 전화 통화를 하면서 하나님 아버지의 마음이 어떤지를 생각한다. 하나님의 마음은 우리 부모님의 마음과 비슷한 것 같다.

하나님께서는 우리가 캄보디아 땅에서 어떤 일을 하느냐에 대해서는 관심이 없으신 듯하다. 교회를 몇 개나 개척하고, 교회 성도가 얼마나 되고, 어떤 프로젝트를 하느냐에 대한 관심은 파송 교회와 파송 선교 단체의 관심이지, 하나님의 관심이 아니다.

온 우주를 말씀으로 창조하신 하나님께서 선교사가 지은 건물에 관심이 있으실 리 없다. 우리가 흥분하여 '대단하다' 하는 프로젝트를 좋아하는 분이 아니시다. 우리가 사역을 제대로 못 한다고 화를 내는 분도 아니시다.

하나님의 관심은 일이 아니다. 사역이 아니다. 건물이 아니다.

그렇다면 하나님의 관심은 선교지에 있는 영혼일까?

오랫동안 그렇다고 생각했는데, 이것도 아니었다.

하나님의 진짜 관심사는 우리 부모님의 그것처럼, 그분의 자녀다. 그분의 자녀가 누구일까 생각했는데, 그게 나 자신인 것을 깨달았다. 이것을 깨달았을 때, 눈물이 왈칵 쏟아졌다.

하나님의 관심사는 나의 행복이었다. '네가 행복하면 나도 행복하다' 하시는 말씀이 들리는 것 같았다. 그래서 나는 이렇게 대답했다.

'하나님, 저는 괜찮은데요. 저는 선교사잖아요.'

그런데 내 마음에 들려오는 하나님의 말씀이 반전이었다.

'그렇지, 그러나 너를 선교사로 부른 것은 나잖니. 그리고 네가 나를 부를 때 아버지라고 하잖니. 아버지의 가장 큰 기쁨은 자녀가 행복할 때란다.'

처음에는 적응이 잘 안되었지만, 이젠 자연스럽다. 이렇게 아버지의 마음을 알고 나니 안정감이 생겼다. 뭔가 해야만 한다는 부담감이 없어졌다.

선교사가 선교지에서 제일 어렵고 힘든 일 중 하나는 사역 보고일 것이다. 당연히 선교지에서 열심히 사역하여 맺은 열매를 알리고 기도를 부탁하는 것은 중요하다.

그러나 자칫 이런 부담감 때문에 늘 마음이 힘들 수 있다. 하나님과의 관계가 활동과 성과로 맺어지게 된다. 일 중심으로 하나님을 만나고, 내가 뭔가 사역을 하고 있음을 확인하는 것에서 안정감을 찾게 된다.

그런데 하나님이 원하시는 것은 마르다처럼 일로 분주한 것이 아니라, 마리아처럼 하나님과 친밀한 것이다. 마리아처럼 말씀만 중요하게 여기면 교만이 올 수 있다. 그러나 하나님과 친밀함은 결국 우리를 바른 행동으로 이끈다. 마르다처럼 사역과 봉사만 열심히 하면 내면의 영적 위기가 찾아온다.

감사하게도 캄보디아 선교 초기에 하나님께서 우리 부부를 찾아와 주셨고, 깊은 친밀함으로 인도해 주셨다. 하나님께서 우리에게 원하시는 것은 선교지에서 일을 잘하거나 많은 열매를 맺는 것이 아니라, 하나님 한 분만으로 우리 가정이 만족하며 행복해 하는 것을 알게 하셨다.

이것이 우리 아버지의 마음이다. 아버지의 이 마음은 하나님의 자녀인 모든 사람에게 동일하게 적용된다. 하나님께서는 우리 모두가 정말 행복하길 원하신다.

3) 네가 내 일을 하니

캄보디아 선교 24년 동안 무엇을 했을까 생각하면, 사람을 키우고 사람을 준비하는 일을 했다는 생각이 든다. 공부하고 싶은 아이들을 위해 학교를 세웠고, 머물 곳이 없는 학생을 위해 기숙사를 만들었고, 돈이 없어 대학에 갈 수 없는 학생에겐 장학금을 모금하여 지원하였다.

모든 것은 내가 한 일이 아니라 하나님의 심부름꾼 역할을 한 것뿐이다.

이렇게 시간을 보내는 중, 큰아들 예혁이가 대학을 진학해야 하는 시기가 되었을 때. 여섯 살 어린 나이에 캄보디아 들어왔는데 대학에 가야 할 나이가 된 것이다. 캄보디아 학생을 위해 학교도 세우고 기숙사도 만들고 장학금 마련을 위해 동분서주했지만, 정작 아들이 대학 갈 시기에 고민이 되었다. 대학 등록금이 전혀 준비되어 있지 않았다. 마음이 살짝 우울해 졌다.

그래서 늦은 밤 이삭공동체에서 조용히 혼자 기도했다. 예혁이 대학 진로 문제가 여전히 마음의 짐으로 남아 있었다.

조용히 묵상하며 기도하던 중 고요한 내 마음의 호수에 작은 돌 하나가 떨어졌는데, 그 물결의 파장은 마치 큰 파도 같은 느낌이었다. 마음속에 들려오는 내면의 소리가 있었다. 강렬했다. 하나님께서 주신 마음의 소리였다.

'네가 내 일을 하니, 나는 네 일을 하겠다.'

갑자기 눈물이 왈칵 쏟아졌다. 대학 보낼 돈을 주신다는 구체적인 약속은 아니었지만 너무나 감사했다. 내가 감격한 이유는 하나님께서 연약하고 부족한 나를 기억해 주시고, 내가 하는 일을 하나님의 일로 인정해 주셨기 때문이었다. 누군가로부터 인정을 받는 것은 참 기쁜 일이다.

그런데 그 누군가가 하나님이라면 어떨까?

하나님이 우리를 인정해 주시고, 내가 하는 일이 맞고 옳고 잘하고 있다고 격려해 주신다면 더 바랄 것이 없을 것이다. 하나님은 우리를 통해 크고 위대한 일을 보고 싶어하는 분이 아니시다. 하나님이 원하시는 것은 하나님과의 온전한 관계와 진실한 교제다.

나의 욕심과 야망이 아니라 하나님께 초점을 맞추는 것이 중요하다. 하나님 앞에서 온전하고 바른길을 걷고 있는지 늘 노심초사하는 나에게, '네가 내 일을 하니 나는 네 일을 하겠다'는 하나님의 말씀은 나의 모든 내면의 갈등과 고민을 종결하는 위로의 말씀이었다.

아들 예혁이 대학 문제는 어떻게 되었는지 궁금할 것이다. 하나님께서 예혁이의 진로 문제를 정말 아름답게 풀어주셨다. 덤으로 둘째 아들의 진로도 같이 풀어 주셨다. 미국 아칸소주에 있는 존브라운대학교(John Brown University)로 인도해 주셨고, 학교에서 가까운 IBCD(Institute for Biblical

Community development)라는 공동체에서 의식주 문제를 해결하며 공동체 훈련과 신앙 훈련을 받을 수 있게 되었고, 또한 대학과 공동체로부터 장학금도 받는 가장 좋은 길을 열어 주셨다.

'네가 내 일을 하니, 나는 네 일을 하겠다.'

이것은 꼭 하나님 나라 품앗이 같은 느낌이다. 그런데 우리 품보다 하나님의 품이 비교할 수 없을 만큼 크다 보니 우리가 너무 큰 이익을 본다. 이 품앗이에 당신을 초대하고 싶다.

4) 꿈꾸는 자

요셉이 이집트로 팔려 간 나이는 17세다. 요즘 같으면 고2 정도의 나이다. 요셉을 판 사람은 형들이고, 요셉을 산 사람은 이스마엘 사람이었다. 그러나 요셉은 '나를 이집트로 이끄신 분은 하나님'(창 45:8)이라 고백한다. 이렇게 생각하면 다른 사람에 대한 원망이 없을 수 있다.

그러나 요셉이 처음부터 이런 생각을 할 수 있는 위인이 아니라는 것은 대충 느낌으로 알 수 있다. 17세의 청소년 요셉은 여전히 부모와 형들로부터 사랑과 돌봄을 받아야 할 나이다.

그런데 요셉은 인신매매단을 통해 팔려 온 것이 아니라 친형제들로부터 따돌림을 받고 혈혈단신으로 문화와 말과 모든 것이 낯선 외국 땅에 팔려 온 것이다. 르우벤이 아니었으면 요셉은 다른 형들에게 죽임을 당했을 수도 있었다.

불행 중 다행으로 르우벤이 다른 형제들을 설득해서 살인은 막을 수 있었다. 그때 마침 지나가던 미디안 상인을 보고 은 스무 냥에 요셉을 팔아버린다.

이런 일련의 스토리를 잘 알고 있는 요셉이 어떻게 원망 없이 살아갈 수 있었겠나?

'야웨여! 어찌하여 나를 버리시느냐'라며 이를 갈며 절규했을 것이다. 그리고 언젠가는 내가 이 원수를 갚아야지 했을 것이다.

선교지 MK(선교사 자녀) 중에 가끔 요셉과 비슷한 고민과 한탄을 하는 친구들이 있다. '왜 내가 선교지에 있어야 하고, 왜 나를 이곳으로 데려왔는지.' 때로 부모에게 따지며 항의하는 친구들이 있다. 때로 이 문제로 가출하기도 한다.

특별히 중고등학생에게 이런 문제가 발생한다. 충분히 이해된다. 갑자기 부모님이 선교사로 헌신하면서 친한 친구와 정든 학교와 자신을 사랑해 주던 할머니와 할아버지를 떠나 낯설고 물선 땅으로 왔으니 이런 고민은 당연할 것이다.

그러나 요셉은 이런 상황과는 다른 처지였다. 요셉의 상처는 깊고 치명적이었다. 감수성 예민한 17세 청소년 요셉은 배다른 형제로부터 집단 왕따와 인신매매 범죄의 희생양이 되어 국경을 넘어 이집트로 팔려 와 보디발의 집에서 노예의 삶을 살게 된 것이다.

그러나 이런 시간을 어느 정도 보내고 난 후 자신을 돌아볼 수 있는 성숙함이 조금씩 생겼다. 자신이 어떤 인간인지 돌아보게 되었고 형들이 왜 자기를 팔았을까 생각하기 시작했을 것이다. 자신이 왜 형들의 미움을 사게 되었는지 생각했을 것이다. 당연히 형들이 문제지만 이렇게 될 수밖에 없었던 자기의 문제는 무엇일까를 생각했다.

물론, 수많은 나날 동안 형들을 원망하며 뜬눈으로 밤을 지새웠을 것이다. 그리고 마침내, 그는 자신을 향한 하나님의 뜻이 있음을 믿었다. '나를 여기까지 이끄신 분은 하나님'이시라는 신뢰가 싹트기 시작했다. '하나님이 나와 함께하신다'는 믿음이 생겼다. 주님께서 요셉과 함께 계셔서 그의 앞길이 잘 열리도록 그를 돌보셨다. 비록 인신매매를 당해 팔려 왔지만 자기를 여기까지 인도하신 분은 하나님인 것을 믿었다.

요셉의 변화된 삶과 하나님을 향한 신뢰는 계속 자랐다. 요셉의 삶 속에 하나님께서 찾아와 주셨다. 더 놀라운 것은 하나님이 요셉과 함께하는 것을 보디발이 알아보았다. 팔려 온 저 노예는 그냥 노예가 아니라 어떤 신인지는 몰라도 신과 함께하는 신의 사람이라는 것을 알아보았다. 그 신을 진심으로 경외하고 있다는 것을 알았다. 그리고 그 신은 요셉을 기억하고 사랑하고 돌보고 있다는 것을 알았다. 요셉이 하는 일마다, 요셉에게 맡긴 일마다 잘되는 것을 보았다.

요셉도 하나님이 자기와 함께하시는 것을 서서히 깨닫기 시작한다. 그래서 이제는 옛날 형들과 같이 살 때처럼 교만하지 않았다. '나의 나 된 것이 하나님의 은혜'인 것을 깨닫기 시작한다. 옛날 같으면 자기가 잘나서 그렇게 되었으리라 생각했을 텐데 이제는 하나님이 모든 것을 하셨다고 고백한다.

누군가 일을 멋지고 훌륭하게 처리하는 것을 보면 우리는 감탄한다. '저 사람 능력이 탁월하고 대단하다'라며 칭찬을 할 것이다.

그런데 보디발은 그렇게만 생각하지 않았다. 창세기 39장 3절에 보면 "보디발은 주님께서 요셉과 함께 계시며, 요셉이 하는 일마다 잘되도록 주님께서 돌보신다"라는 것을 알았다고 한다. 서로 같은 신을 섬기는 사람도 아니지만, 보디발의 눈에 보이는 청년 요셉은 단순히 탁월한 사람 정도가 아니라 신과 동행하는 사람이라는 것을 알게 되었다. 보디발은 요셉을 심복으로 삼고 집안 모든 일을 그에게 맡겼다.

그런데 놀랍게도 그때부터 하나님께서 요셉을 위해 보디발의 집과 밭과 가진 모든 것에 복을 내려 보디발이 더욱 잘살게 되었다. 요셉이 하나님 약속을 받은 아브람처럼, 이삭처럼, 야곱처럼, 복의 근원이 된 것이다.

혈기 왕성한 젊은 요셉이었지만, 그는 끝까지 하나님을 거역하는 죄를 짓지 않기 위해 보디발 아내의 집요한 유혹을 끝까지 거절하다가 억울하게 감옥에 갇히는 신세가 된다. 하나님 앞에서 바르게 살려고 몸부림친 것밖에 없는데 오히려 감옥 신세가 되고 만 것이다.

인생이 어떻게 이렇게 꼬일 수 있을까 싶지만, 그러나 사실 감옥은 왕을 직접 만날 수 있는 가장 빠른 지름길이었다. 하나님이 요셉을 버린 것이 아니라 오히려 요셉 때문에 하나님이 감옥에 같이 갇히는 신세가 되셨다. 창세기 39장 21절은 "주님께서 그와 함께 (감옥에) 계시면서 돌보아주시고, 그를 한결같이 사랑하셔서 간수장의 눈에 들게 하셨다"라고 한다.

그리고 간수장은 요셉에게 모든 일을 맡기고 아무것도 간섭하지 않았다. 간수장도 요셉이 믿는 신이 요셉과 함께하셔서 요셉이 하는 일은 무엇이든 다 잘 되게 해주시는 것을 봤기 때문이다. 그렇다고 모범수로 특별 사면 되거나 감형이 되지는 않았다.

5년여 감옥 생활을 하는 중 기회가 찾아왔다. 하나님께서 이집트의 왕 바로에게 희귀한 꿈을 꾸게 하셨다. 이 꿈은 이집트 왕실 최고 주술사도 알지 못하는 꿈이었다. 그러나 요셉이 왕의 꿈 내용을 맞히고 꿈을 해석해 주었다. 요셉의 이야기를 듣고 난 후 바로 왕은 신하들에게 다음과 같이 말했다.

"하나님의 영이 함께하는 이런 사람을 어디에서 또 찾을 수 있겠느냐?"

그리고 요셉에게 말했다.

"너처럼 명철하고 슬기로운 사람이 어디에 또 있겠느냐? 내가 너를 온 이집트 땅의 총리로 세우겠다."

이 이야기를 들은 요셉의 마음은 어떠했을까?

형들의 배신과 이집트 노예 생활, 누명으로 강간 미수범이 된 억울한 감옥 생활 등 파란만장한 삶이 주마등처럼 지나갔을 것이다. 마침내 30세 청년 요셉은 이집트 왕국의 총리가 된 것이다.

그러나 요셉에게 이집트 노예 13년의 세월이 없었다면 총리 요셉은 없을 것이다. 인신매매로 인한 노예 생활 13년의 한으로 조폭이 될 수도 있고, 술로 지난 세월과 형들을 원망하며 알코올 중독자가 될 수 있을 것이다. 그러나 하나님을 만나고, 자신의 삶을 돌아보고, 하나님의 뜻을 묻고 생각한 요셉은 노예로 팔려 온 그 나라에 총리가 된 것이다.

요셉은 스스로 선교사로 헌신하고 선교지 이집트로 파송 받은 선교사가 아니다. 그는 늦둥이로 태어나 아버지의 사랑을 많이 받으며, 철없던 시절 형들의 잘못을 아버지께 조잘조잘 일러바친 고자질쟁이였다. 인격적으로나 신앙적으로 준비가 충분하지 않은 사람이었지만, 이집트에서 하나님과 동행하는 삶을 배우고 경험하게 된다.

그러나 하나님과 동행하는 삶을 배우는 것은 순탄하지 않았다. 보디발은 아내의 말만 듣고 요셉을 강간 미수범으로 감옥에 집어넣었다. 이제 겨우 삶을 추스르고 회복할 만한 시기에 이제는 강간 미수범이라는 누명으로 감옥에 갇히는 기가 막힌 신세가 된 것이다. 인간적으로는 막막하고 앞이 보이지 않는 까마득한 현실이지만 여기에 좌절하지 않고 슬기로운 감방 생활을 시작했다. 요셉은 감옥을 선교지라 생각하고 감옥에서 최선을 다하여 주변 사람들을 섬겼다. 이 섬김이 결국 왕 앞에 서는 놀라운 반전이 되었다.

이런 세월을 보내며 자신의 인생이 다른 사람의 손에 끌려가고 있는 것이 아니라 하나님이 자신을 이끌고 계시다는 것을 깨달았다. 그는 나를 이곳으로 보내신 분이 하나님이라고 확신하게 되었고, 자신을 팔아먹은 형들도 용서할 수 있게 되었다.

요셉이 여전히 미성숙한 모습으로 아버지와 엄마의 그늘 속에 살았다면 요셉의 꿈은 한여름의 꿈으로 끝났을 것이다. 그러나 요셉은 그 꿈이 하나님으로부터 온 것을 알았고 그 꿈을 지키고 싶었다. 그 꿈을 잃어버릴 수 없었다.

만약 요셉이 '이 망할 꿈 때문에 내 신세가 이렇게 되었다'며 신세타령으로 세월을 보냈다면 재수 없는 개꿈으로 끝났겠지만, 이 꿈을 주신 분이 하나님이시고 이 꿈을 이루실 분도 하나님이라는 것을 깨달았기에, 마침내 하나님은 요셉을 통해 하나님 나라의 원대한 꿈을 이집트 땅에서 이루셨다.

온 세상이 기근으로 먹을 양식이 없어 이집트로 먹을 것을 구하기 위해 온 형들과 재회하면서, 요셉은 비로소 '나를 이곳으로 보낸 것은 당신들이 아니라 하나님'이라는 고백을 할 수 있었다.

요셉이 이집트로 팔려 오지 않았다면, 보디발의 가정 총무가 되지 않았다면, 보디발의 아내의 유혹을 이겨내지 못했다면, 강간 미수범 누명으로 감옥에 갇히지 않았다면, 감옥에서 관원의 꿈을 해석해 주지 않았다면, 술 맡은 관원이 요셉을 기억하지 않았다면, 7년 대풍년과 7년 대흉년을 대비하지 않았다면, 그는 총리의 신분으로 아버지와 사랑하는 동생 베냐민과 형들을 재회하지 못했을 것이다.

그러나 요셉이 어릴 때 꾼 그 꿈을 이뤄주기 위해 하나님은 요셉을 이집트의 총리로 만드신 것이다. 요셉은 자기 앞에서 절하는 형들의 모습을 보면서 비로소 깨닫게 되었다. 어린 시절 자신의 꿈속에 찾아오셨고 그 의문의 꿈을 잊지 않으시고 마침내 그 꿈을 이루어주신 하나님의 은혜를 깨닫게 된 것이다. 그러나 이집트의 총리가 되는 것은 상상도 하지 못한 일이었을 것이다.

> 네가 자기 일에 능숙한 사람을 보았느냐 이러한 사람은 왕 앞에 설 것이요 천한 자 앞에 서지 아니하리라 (잠 22:29).

5) 너의 소원이 무엇이냐?

예수님께서 자신이 곧 십자가에서 처형 당하고 사흘 후에 부활할 것이라는 중요한 이야기를 제자들에게 하셨지만, 제자들은 무슨 말씀인지 깨닫지 못했다.

심지어 분위기 파악을 전혀 못 한 세베대의 두 아들 야고보와 요한이 "선생님, 저희의 소원을 좀 들어주십시오"라고 말한다.

참으로 속 터지고 한심한 일이다. 그래도 예수님은 꾹 참으시고 "그래 너희 소원이 무엇이냐?"라고 물으셨다.

이 못난 놈들은 예수님께서 때가 되어 권좌에 오르실 때 자신들을 영의정과 좌의정 자리에 앉게 해달라고 말한다. 그리고 이런저런 대화를 하시고 난 후 예수님은 으뜸이 되고 싶은 사람은 모든 사람의 종이 되어야 할 것을 말씀하신다. "인자는 섬김을 받으러 온 것이 아니고 섬기러 왔으며, 많은 사람을 구원하기 위하여 치를 몸값으로 자기 목숨을 내주러 왔다"고 말씀하신다. 높은 지위와 자리를 탐내던 제자들에게 찬물을 확 끼얹은 것이다.

이 사건이 있고 난 후 예수님 일행이 여리고를 떠나실 때 눈먼 거지 바디매오가 길가에 앉아있다가 나사렛 사람 예수가 지나가신다는 말을 듣고 외쳤다.

"다윗의 자손 예수님, 나를 불쌍히 여겨 주십시오"라며 주변이 시끄러울 정도로 계속 외쳤다. 상황을 볼 수 없으니 적당히 외칠 수 없는 노릇이다. 주변에서 "시끄러워 죽겠으니 제발 입 닫고 조용히 좀 해"라며 핀잔을 주지만, 그는 더 큰 소리로 예수님을 불렀다. 필사적으로 불렀다.

바디매오에게는 예수님이시라면 나를 볼 수 있도록 도와 줄 수 있다는 믿음, 예수님이 하나님 아들이면 나를 반드시 보게 할 것이라는 막연하지만, 확실한 믿음이 있었던 것이다.

바디매오의 외침을 듣게 된 예수님은 제자들에게 그를 불러오라고 하셨고, 바디매오는 예수님께 가까이 갈 수 있었다. 예수님이 앞을 보지 못하는 바디매오를 측은히 여기시고 물었다.

"네 소원이 무엇이냐?

내가 너에게 무엇을 하여 주기를 바라느냐?"

이 말을 처음 들은 바디매오는 당황했을 것이다.

아니, 어떻게 이분이 나에게 소원을 물으실까?

앞을 못 보는 거지 신세인 자신에게 행인이 동전은 던져 주었지만, 누구 한 사람 내 소원이 무엇인지 개인적 관심을 가진 사람이 없었는데 지금 자신 앞에 서 있는 나사렛 사람, 다윗의 자손 예수는 자신에 대한 개인적 관심을 가지고 계신 것이다.

바디매오는 당황스럽기도 하고 놀라기도 했을 것이다. 그는 말을 더듬으며 말했다. "선생님, 눈을 뜨고 싶습니다. 보고 싶습니다. 한 번이라도 그렇게 찬란하다고 하는 태양을 보고 싶고 누구의 도움 없이 혼자 자유롭게 가고 싶은 길을 가고 싶습니다."

예수님께서 바디매오의 믿음을 보시고 그에게 말씀하셨다. "가거라. 네 믿음이 너를 구원하였다."

그가 곧 눈을 뜨고 예수를 따라나섰다. 누구의 도움 없이 혼자 가고 싶은 길을 나선 것이다.

마가복음 10장에서 야고보와 요한의 요청 스토리와 연이어 나오는 바디매오가 눈을 뜨는 스토리의 절묘한 대비를 본다. 앞뒤 좌우를 분별하지 못하고 분위기 파악이 전혀 안 되는 야고보와 요한은 예수님께 우리의 소원을 좀 들어 달라고 이야기한다. 그리고 그들이 품은 마음의 소원은 높은 자리, 영향력이 있는 지위와 권력의 자리를 원했다.

그런데 예수님은 세상의 통치자들은 권력으로 백성을 지배하고 고관들은 세도를 부리지만 너희는 그럴 수 없다고 말씀하신다. 너희 중에 누구든지 크게 되고 싶은 사람은 남을 섬기는 사람이 되어야 하고, 종이 되어야 한다고 한다. 예수님이 이 땅에 온 목적도 섬기기 위해, 죗값을 치르고 자신의 생명을 주려고 왔는데 도대체 너희는 무슨 소리를 하고 있느냐는 것이다.

도대체 뭐가 잘못되었기에 오늘날 교회와 성도가 이렇게 옹졸하고, 교만하고, 권력과 돈을 탐하는 자가 되었을까 싶지만, 야고보와 요한도 그랬고 이들의 요청을 예수님 옆에서 같이 들었던 다른 제자들도 시기하는 비슷한 마음을 가진 사람인 것을 보면, 참 지독히 오래된 고질병이라 생각된다.

그러나 제자들이 자신의 소원을 예수님께 요청한 것과는 반대로 예수님은 바디매오의 소원을 물으셨다. 내 소원을 들어 달라는 제자와는 정반대다.

'예수님 내 소원은 이런 것입니다. 내 꿈은 이런 것입니다'라고 말하는 것이 중요한 것이 아니다. 이것이 우리의 기도가 되어서는 안 된다. 그런데 우리는 얼마나 자신의 소원 리스트와 인생 버킷 리스트 만드는 것을 좋아하는지 모른다.

그러나 이것이 중요한 것이 아니라 바디매오처럼 예수님이 우리를 향하여 '너의 소원이 무엇이냐'라고 물어오실 수 있는 사람이 되는 것이 더 중요하다.

가난하고 소외되고 고통받는 삶의 현장을 바라보며 영육간의 구원을 위해 눈물 흘리고 있을 때, DFIS에 다니는 가난한 동네 아이들을 안타까워하며 가슴 아파할 때, 이삭공동체 식구의 성장과 변화를 위해 말씀으로 양육하고 기도하고 눈물 흘릴 때, 주변 나라에서 일어나고 있는 전쟁과 기아로 죽임과 고통당하는 어린아이와 부녀자와 신광한 시민을 생각하며 기도하고 있을 때, 캄보디아 킬링필드와 베트남 양민학살과 제주 4.3을 비롯한 무고한 사람들이 희생된 역사 앞에 고개를 떨구며 가슴 아파하며 왜곡된 역사 회복을 위해 목소리를 높이고 있을 때, 다음 세대의 삶을 위협하는 기후 위기와 인구 절벽 위기 극복을 위해 안절부절못하며 동분서주하며 대안을 찾고 행동하고 있을 그때, 예수님은 우리를 찾아오셔서 바디매오에게 물었던 것처럼 우리에게 물으실 것이다.

너의 소원이 무엇이냐?
너의 원함이 무엇이냐?
내가 어떻게 해주기를 원하느냐?

예수님이 이 질문을 하시는 이유는 이 모든 일이 하나님의 일이기 때문이다. 하나님의 관심이기 때문이다.

그런데 내 자녀가 이것을 두고 가슴 아파하며 눈물로 기도하고 있다면 하나님의 마음은 어떠실까?

이들이 '내 일을 자기 일처럼 생각하고 일하고 있구나'라고 생각하실 것이다.

하나님은 얼마나 이런 사람을 찾고 계실까?
또 이런 사람을 찾으면 얼마나 좋아하실까?
하나님의 일을 자기 일로 생각하며 살아가는 공동체가 있다면 춤추고 싶은 마음이 아니실까?

한 명이라도 그런 사람이 있다면 너무 귀하게 여기실 텐데 만약 그런 공동체가 있다면 진짜 춤을 추실 것이다.

예수님께서 우리에게 위 질문을 하시는 순간 상황 종료다. 예수님은 게임 체인저이기 때문이다. 예수님에게 능치 못할 일이 없다. 바디매오의 눈을 뜨게 하신 것처럼 우리 힘으로는 어찌할 수 없는 모든 것을 이루실 것이다. 그러나 야고보와 요한이 구한 것처럼 구해서는 안 된다.

> 너희 중에 누구든지 크게 되고 싶은 사람은 남을 섬기는 사람이 되어야 하고 으뜸이 되고 싶은 사람은 모든 사람의 종이 되어야 한다. 나는 섬김을 받으러 온 것이 아니라 섬기러 왔으며 많은 사람의 죗값을 치르기 위해 내 생명마저 주려고 왔다(막 10:43-45).

6) MK로 살아간다는 것

대학을 졸업한 막내딸이 2021년 장학금 신청을 위해 자기소개서로 적은 글을 보내 줘서 읽었다. 잔잔한 감동과 큰 위로가 되었다.

딸은 한 돌이 조금 지났을 때 선교지로 들어갔기에 대학에 진학하기 전까지 한국에 대한 경험이 없었다. 이런 딸이 한국어로 자기 소개서를 이렇게 잘 쓸 줄을 몰랐다.

딸에게 동의를 얻고 자기소개서 전문을 그대로 옮긴다. 책을 편집하며 처음엔 딸의 글을 뺐는데, 넣어야겠다는 생각이 문득 들어 다시 첨부하고 보니 그제야 책이 마무리되는 느낌이 들었다. 사랑하는 딸에게 감사를 전한다.

제목 : MK로 살아간다는 것 (김예린[10])

처음 우리 가족이 밟은 캄보디아 땅은 어둡고 무거웠다. 공항 밖 길가에는 가로등이 보이지 않았고 자동차의 헤드라이트 불빛도 보이지 않았다. 엄마, 아빠 그리고 어린 오빠들의 어깨에는 무거운 이삿짐들이 한가득이었다. 물론 이제 막 한 돌이 지난 나는 아무것도 모르고 편히 엄마 품에서 자고 있었다. 그렇게 우리 가족은 2000년 11월 29일에 캄보디아에서 선교사의 삶을 시작했다.

그때 캄보디아는 킬링필드라는 대학살 사건의 후유증이 끝나지 않은, 경제적으로는 가난하고 정치와 치안은 불안하고 위험한 나라였다. 우리는 처음

---

[10] 막내딸 예린이는 2024년 한동대를 졸업하고 한동대학교 부설 학교인 HIS(handong International School)에서 과학을 가르치고 있다.

오자마자 40년 만에 처음이라는 홍수를 연속하여 두 번을 경험하기도 했고, 나는 한국 친구가 전혀 없는 유치원을 혼자 다니기도 했다. 그러나 하나님의 은혜와 어린 나이부터 캄보디아에서 자라서 그런지 나는 캄보디아에서 산다는 것이 한 번도 크게 힘들지 않았다. 한국에 돌아가면 많은 분이 나에게 선교지에서 지낸다고, 고생하고 힘들겠다며 많은 위로를 해 주시지만 내 인생의 큰 축복 중 하나는 MK로서 캄보디아에서 자랄 수 있었다는 것이다.

◆ 나에게 MK로 살아간다는 것은 큰 축복이다

아래는 내가 이렇게 느낄 수 있었던 이유다. MK로 살아간다는 것은 뿌리를 어디에 둬야 하는지 모르지만, 그 덕분에 하나님 나라가 내 집이 되는 것이다.
"Where are you from?"이라는 간단한 질문은 나에겐 조금 복잡했다. 나는 한국 사람이기 때문에 "한국에서 왔어요"라고 대답하기엔 한국에서 산 기억이 없었고, 그렇다고 캄보디아에서 왔다고 하기에는 애매했다. 그래서 이 간단한 질문에 대한 내 대답은 항상 길고 복잡했다.
때론 난 어느 곳에도 속하지 못한다는 생각이 들어 슬플 때가 있었다. 하지만 내가 다닌 학교와 교회는 나 같은 친구들이 많았다. 서로 다른 다양한 나라에서 왔지만, 함께 놀고 함께 공부하며 같이 자랐다.
그래서 우린 우리의 학교 이름 "Hope"를 따라 우리를 "Hopian"이라고 부르며 우리만의 정체성을 만들기도 했다. 그렇게 나는 다양한 문화와 배경을 가진 사람들을 이해하고 존중하며 함께 어울려 사는 방법을 배울 수 있었다.
그리고 어쩌면 나는 이 덕분에 이 세상에서 내 뿌리를 찾기보다는 하나님 나라를 바라보며 살기에 더 쉬웠던 것 같다. MK로 살아간다는 것은 뿌리를 어디에 둬야 하는지 모르지만 그러기에 하나님 나라를 소망하며 그곳이 내 집이 되는 것이다.

◆ MK로 살아간다는 것은 외로울 수 있지만, 하나님의 위로를 더 가까이에서 느끼는 것이다

나는 대학을 한국으로 왔고 첫째 오빠는 미얀마에서 인턴을, 그리고 둘째 오빠는 서울에서 군 생활을 하고 엄마, 아빠는 캄보디아에서 계속 선교하고 계신다. 그렇게 우리 가족은 뿔뿔이 흩어져서 지내고 있다.

그래서 때로는 가족들이 보고 싶고 편안한 가족의 품이 그리울 때가 많다. 지칠 땐 집에서 엄마가 해준 김치찌개와 멸치볶음에 밥을 먹고 싶고, 밤을 새우며 공부하는 한국 대학 생활이 익숙하지 않아서 힘들 땐 언제나 내 편인 아빠에게 징징대면서 칭얼거리고 싶고, 무거운 기숙사 짐을 옮길 땐 든든한 오빠들이 보고 싶다. 특히, 휴일이나 주말에 집에 가는 친구들을 보면 더 외로울 때가 많다.

하지만, 이런 내 마음을 너무 잘 알고 계시는 하나님은 늘 위로해 주신다. 엄마의 집밥 대신 교수님이 차려 주신 따뜻한 식사로 위로해 주시고, 아빠의 위로 대신 기댈 수 있는 선배들을 보내 주셨다. 그리고 오빠들 대신 필요의 때마다 좋은 친구들을 보내 주셔서 힘들지 않게 도와주셨다. MK로 살아간다는 것은 외로울 수 있지만 그렇기에 하나님의 위로를 더 가까이에서 느낄 수 있다.

◆ MK로 살아간다는 것은 부족하지만, 하나님의 채우심을 계속해서 경험하는 것이다

어렸을 때부터 지금까지 우리는 항상 재정적으로 풍요롭지는 못했다. 나는 기억이 안 나지만, 우리가 아주 힘들었을 땐 며칠 동안 주먹밥만 먹을 때도 있었고 또 때론 시골에서 올라와 우리와 함께 살던 현지인 언니가 우리를 위해서 돈을 빌려 먹을 것을 사 오는 날도 있었다고 한다.

그렇게 어려운 날들도 있었지만 감사하게도 나는 부족하고 힘들었던 것보다는 감사와 우리의 부족함을 채우시는 하나님을 더 많이 기억한다. 그리고 지금까지도 우리의 필요한 부분을 채워 주시는 하나님의 은혜를 경험하고 있다. 대부분의 MK가 가진 공통적인 어려움이겠지만, 선교사로 계신 우리 부모님의 경제적 상황은 우리 삼 남매의 대학 교육을 지원할 수 있는 상황이 아니다. 하지만, 너무나도 신기하게 하나님의 은혜로 나는 매 학기 필요한 학비와 생활비가 채워졌다. 이것은 정말 하나님의 은혜라고 하지 않을 수가 없는 일이다. 재정적인 걱정이 생기면 정말 하나님께서 내게 쓸데없는 걱정하지 말라고 하시는 것처럼 장학금으로, 아르바이트로 그리고 주변의 후원으로 내 필요들을 채워 주셨다.

그래서 나는 진심으로 내 부족함이 은혜라고 고백할 수 있다. MK로 살아간다는 것은 부족함이 있지만 그렇기에 하나님의 채우심을 매일매일 경험하는 것이다.

◆ MK로 살아간다는 것은 불편하지만, 그것을 통해 가난하고 약한 사람들의 마음을 헤아릴 수 있게 된다

부모님이 처음 캄보디아에서 사역을 시작하셨을 때, 시골에서 프놈펜으로 올라와서 공부하는 학생들을 위한 학사를 운영하셨다. 그래서 나는 어렸을 때부터 현지인 언니, 오빠들과 함께 살았다. 시골에서 갓 올라온 청년 언니, 오

빠들의 생활 습관과 한국에서 살다 온 우리 가족의 생활 습관은 처음에는 매우 달랐다. 언니, 오빠들은 문을 활짝 열어 놓고 지내는 것을 좋아했고, 덕분에 우리는 모기와 쥐와 함께 생활했다. 그리고 언니, 오빠들이 전통적인 캄보디아 음식을 해먹을 때는 그 특유의 코를 찌르는 캄보디아 전통 음식인 '쁘로흑' 냄새가 집안을 장악하기도 했다.

처음에는 이렇게 다른 생활 방식 때문에 불편한 점들이 많아서 힘들었지만, 점차 우리는 서로를 존중하고 배려하면서 지낼 수 있었다. 시간이 지나자 우리 남매는 냄새나던 현지 음식을 얻어먹으려고 얼씬거리기 시작했고, 모기와 쥐를 대처하는 방법도 습득해 갔다.

그렇게 함께 생활하고 함께 예배를 드리면서 서로 닮아가고 서로에게서 배우며 지냈다. 그리고 그때 함께했던 언니, 오빠들은 지금도 우리와 함께 사역하고 있다. 현지 언니, 오빠들과 함께 생활하며 그리고 부모님의 사역을 따라다니면서 돈으로는 사지 못할 많은 것들을 경험하고 배울 수 있었다.

그 중 기억에 남는 활동 중 하나는 마을 수로 공사 모금을 위한 걷기 운동이다. 우리는 함께 사역하던 현지 학생들 그리고 마을 사람들과 함께 4박 5일 동안 150km 국토 순례를 하며 마을 수로 공사 비용을 모금했다. 먼지 많은 시골길을 온종일 걸었고 밤에는 마을 학교에서 잠을 잤다. 샤워할 곳이 없어 우물 앞에 천을 쳐서 샤워장을 만들었던 기억도 난다. 사실 초등학생의 어린 나이에 참여했던 활동이었기 때문에 그 당시에는 많은 것들을 느끼기보다는 신기한 체험이었고 좋은 일에 참여한다고 생각하니 마냥 기뻤다.

하지만, 조금 더 커서 보니 우리의 모금을 통해 수로가 완공된 뒤 농민들은 물 걱정 없이 농사를 지을 수 있었고, 메콩강 지류를 따라 올라온 물고기를 잡아 생계에도 큰 도움이 되어 차츰 마을 경제가 살아나는 것을 볼 수 있었다. 그리고 마을 경제가 좋아지면서 학교를 그만두는 아이들의 비율이 줄어

들고, 주민들의 건강 지수도 높아지는 것을 보았다.

이런 경험을 통해 선교는 통합적이어야 하고 실제적인 삶의 변화를 가져오는 것이 중요하다는 것을 배우게 되었다. MK로 살아간다는 것은 조금 불편할 수 있지만, 그것을 통해 가난하고 약한 사람들의 마음을 헤아릴 수 있게 되는 것이다.

◆ MK로 살아가면서 갖게 된 비전

캄보디아에서 성장하면서 나는 하나님을 더 깊이 알게 되고 경험할 수 있었다. 그리고 나는 다양한 국적과 배경을 가진 사람들을 만나고 그들과 친구가 될 수 있었다. 그뿐만 아니라, 캄보디아에서 살면서 나는 가난한 나라가 가지고 있는 여러 문제를 알게 되었고 가난에 대한 이해와 경험을 통해 더 폭넓은 세계관을 가질 수 있게 되었다. 이 모든 것을 통해 나는 전문인 선교사가 되고 싶다는 꿈을 키울 수 있게 되었다.

나는 가난한 사람들의 삶을 통합적으로 바꾸면서 실제적인 도움을 주는 사람이 되고 싶다. 이런 목적을 꿈꾸며 나는 현재 한동대학교에서 생명과학과 교육 Secondary School Education을 전공하고 있다. 생명과학과 교육을 통해 2/3세계 사람들에게 중요한 건강과 보건 위생 그리고 교육적 필요를 돕고 싶다. WHO에서 건강의 정의를 내릴 때 단순히 육체적 건강뿐만 아니라 정신적, 사회적, 영적으로 잘 조화를 이룬 상태를 좋은 건강이라고 정의하듯이 보건과 교육을 통해 예수님을 모르는 2/3세계의 가난한 사람들에게 건강한 삶과 교육의 기회와 희망을 주는 선교사가 되기를 소망하고 준비하고 있다. 나는 캄보디아에서 MK로 자랄 수 있었기에 이 비전을 가질 수 있게 되었다고 생각한다. 그래서 내 인생의 큰 축복 중 하나는 MK로서 캄보디아에서 자랄 수 있었다는 것이다.

7) 양 날개 선교

『한국 교회 트렌드 2023』(규장, 2023)에 따르면 60세 이상 한국인 중 무종교의 비율은 43퍼센트, 30대는 74퍼센트, 19~29세는 78퍼센트라고 한다. 세대가 낮을수록 무종교의 비율이 급격히 늘어나는 것을 보면, 청년들이 교회에서 사라지고 있는 것이 막연한 추정이 아님을 알 수 있다.[11]

같은 리서치 기관에서 얼마 되지 않는 청년들이 교회에 다니고 있지만 이들 중 교회를 떠나고 싶은 사람은 얼마나 될지에 대한 조사를 했다. 기독교 신앙을 유지하면서 계속 교회에 출석하고 싶다고 응답한 사람은 64.0퍼센트다. 그러니 36.0퍼센트는 가나안 성도로 이동하거나 기독교 신앙을 아예 버리고 싶다고 응답했다.

위 조사는 2021년 1월 27일 발표한 자료이기에 3년이 지난 지금 얼마나 많은 청년이 교회를 떠났을까 생각하면 마음이 매우 무겁다.[12]

MZ세대 10명 중 6명은 조직 문화가 불합리하면 짐을 쌀 준비를 한다고 한다.[13] 일반 조직 문화뿐만 아니라 제도 교회 조직 문화도 불합리하면 MZ세대 기독 청년들은 가차 없이 떠날 수 있음을 기억해야 한다.

MZ세대 기독 청년이 교회를 떠나는 이유는 믿음이 없거나 탕자처럼 세상이 좋아서가 아니다. 탕자가 되어 떠났다면 돌아올 희망을 품고 기다릴 수 있지만, 너무 권위적이고 가르침과 삶이 전혀 일치하지 않고, 절대적 부

---

11   지용근 외 9인, 『한국 교회 트렌드 2023』 (서울:규장, 2023), 173.
12   지용근 외 9인, 『한국 교회 트렌드 2023』, 175.
13   지용근 외 9인, 『한국 교회 트렌드 2023』, 176.

모 공경만 가르쳤지, 좋은 사회인으로 이웃과 세상에 대한 섬김은 전혀 가르치지도, 행하지도 않는 부모가 싫어 가출한 자식은 다시 집으로 돌아갈 가능성은 작다.

어떻게 해야 MZ세대 기독 청년들의 교회 이탈을 막을 수 있을까?

2024년 오늘을 살아가는 20~30대가 우리 시대의 다음 세대가 될 것이다. 교회는 이들이 추구하는 삶의 가치가 무엇이며 이들이 정말 원하는 삶은 무엇인지를 알아야 한다.

그리고 MZ세대 기독 청년이 원하는 교회는 어떤 교회인지, 이들이 원하는 세상을 향한 교회의 미션은 무엇인지 알아야 한다. 시대가 변한다고 교회의 본질이 변하면 안 되지만, 시대적 요청에 민감하게 반응할 수 있어야 한다.

시간이 없다. 교회는 이제 무엇을 어떻게 할지 액션을 서둘러야 한다. 이 액션에는 두 가지 큰 날개가 있다.

첫째, 하나님 나라 신학을 담은 총체적 복음을 전하고 그 복음적 삶을 보여 주는 선교다. 이삭공동체가 그동안 캄보디아에서 해 온 사역의 방향이다.

둘째, 세상을 향한 하나님 나라 사상을 담은 문화와 정의를 폭넓게 적용하는 선교다. 직접적인 복음을 전하는 선교 방식은 아니지만 훨씬더 폭넓고 시대를 넘어 큰 영향을 주는 선교다. 세상 모든 영역에 하나님의 일반 은총이 깃들도록 하는 선교다.

나는 여기서 두 번째 날개에 대한 몇 가지 예를 들어 간단히 나누고자 한다.

첫째, 성경적 토지법과 관련된 것이다. 오랜 시간 성경에 나오는 희년 사상과 성경적 토지법을 연구해 오고 있는 "희년함께"와 "토지+자유연구소"가 있다. 1988년 대학 시절 『토지와 자유』를 통해 성경적 토지법을 처음 알게 되었을 때 우리 사회의 새로운 대안이 될 수 있겠다는 막연한 희망을 품었지만, 현실 적용에 있어서는 많은 숙제가 남아 있어 보였다.

그러나 지금은 성경적 토지법이 "토지세 및 토지 배당에 관한 법률안"(2021년)이라는 이름으로 국회에 법안 발의까지 할 정도로 성숙한 결과물을 만들어 냈다. 이런 법이 대한민국에 입법화만 된다면 땅에서 생기는 불로소득을 모든 국민에게 배분하고 빈부 격차와 불평등 문제를 해결할 수 있는 대안이 될 수 있다.

『땅에서 온 기본 소득 토지배당』에 따르면 2021년 한 해 동안 우리나라에서 발생한 불로소득은 무려 461.6조 원이나 된다. 우리나라 땅을 모두 팔면 우리나라 국토 면적의 약 100배 되는 캐나다 전 국토를 두 번 살 수 있고, 77배나 큰 호주와 3.6배나 되는 독일 땅을 살 수 있다.[14]

얼마나 한국의 땅값이 비싸면 이런 일이 가능할 수 있을까?

교회가 이런 성경적 토지법에 관심을 가지고 입법화를 위해 노력한다면 세상은 많은 부분 하나님 나라에 가까운 모습을 갖추게 될 것이다. 이렇게 토지를 통해 발생한 불로소득을 토지세로 정부가 환수하면 많은 청년과 노인의 일자리를 만들 수 있고, 얼마 정도 될지 모르지만, 적정 금액을 전 국민에게 기본 소득의 형태로 나눠줄 수 있을 것이다.

대한민국 사회는 성경적 토지법에 기초한 건강하고 선순환하는 희망적인 모습이 될 것이다. 이런 변화의 중심에 서 있는 교회는 MZ세대 기독 청

---

14 남기업 외 2인, 『땅에서 온 기본 소득 토지배당』 (서울: 이상북스, 2023), 30.

년에게 희망이 되고 꿈이 될 것이다.

이렇게 좋은 법은 캄보디아나 다른 나라에도 적용할 수 있을 것이다. 그러면 자연스럽게 선교지의 경제학자와 공무원들과 네트워크를 만들어 구약의 희년법과 성경적 토지법을 소개하며 입법화를 도울 수 있을 것이다. 이미 성공적인 사례가 있으면 다른 나라에 적용하기는 훨씬 쉬울 것이다.

이것이 구약 시대 이스라엘을 통해 천하 만민을 구원하기를 원하셨던 하나님의 선교 방법이라 생각이 든다.

둘째, 기독교의 건강한 사회적 정치적 참여다. 이젠 더이상 개인 구원이냐, 사회 구원이냐 논쟁하는 시대는 지난 것 같다. 교회는 늘 약자의 편에서 그들의 이야기를 들어주고 환대하는 선교가 필요하다.

캄보디아는 킬링필드라는 큰 아픔을 겪은 나라다. 인구 3분의 1 정도(200~300만 명 추정)가 킬링필드 때 학살과 질병과 굶주림으로 죽었다. UN 전범 재판소를 통해 재판이 이루어졌지만, 이 학살에 대해 누구 한 사람 잘못을 인정하는 사람이 없었고, 킬링필드의 피해자 유가족은 킬링필드 주모자들로부터 '미안하다, 잘못했다'라는 이야기를 한 번도 들어보지를 못했다.

이와 비슷하게 제주도와 거창, 여수, 순천 등 많은 곳에서 양민학살 사건이 있었다. 부모님의 고향인 거창 신원면에서 일어난 양민학살의 아픔을 누구보다 잘 알고 있던 나에게는 캄보디아 킬링필드의 상처가 깊이 다가올 수 있었다. 그리고 몇 해 전 제주도에 두 달 정도 머물면서 4.3 사건으로 고통받고 있는 제주도민의 아픔을 알게 되었다.

이때 정리된 생각이 있었다. 이런 아픔과 고통의 현장에서 피해자, 소외된 자, 약자와 함께 울고 함께 웃는 것이 하나님이 원하시는 선교라는 것을 배우게 되었다.

교회가 이들을 품어 주지 않으면 누가 품을 것인가?

4.16 세월호 참사와 10.29 이태원 참사를 위해 교회가 같이 울어주고 위로하지 않으면 누가 위로할 수 있겠나?

교회가 이런저런 이념 논쟁에 눈치 보며 당연히 해야 할 하나님이 원하시는 일을 하지 않는다면 미래의 다음 세대는 결단코 교회를 용서하지 않을 것이다. 성경이 말하는 정의는 기뻐하는 사람들과 함께 기뻐하고, 우는 사람들과 함께 우는 것이다(롬 12:15).

그리고 역사적 사건에서 교회가 마땅한 역할을 못 했거나, 직접적이든 간접적이든 가해자의 위치에 있었다면, 먼저 철저히 회개하고 피해자들에게 공개적으로 용서를 구해야 한다.

이 토대 위에 다시 사랑과 신뢰를 쌓고 회복을 위해 노력하는 것이 성숙한 교회의 모습이다. 확신하건대 교회가 다양한 방법과 프로그램으로 전도하는 것보다, 기뻐하는 자와 함께 기뻐하고, 우는 자와 함께 우는 정의의 선교가 더 많은 영혼을 하나님께로 인도할 것이다.

캄보디아에서 복음 전도와 이삭공동체를 통해 하나님 나라의 모델을 보여 주는 선교는 너무 중요하다. 그러나 잊어서는 안 될 중요한 것이 있다. 만약, 일제강점기 때 서양 선교사와 당시 민족 교회가 독립운동을 방관하거나 일본 제국주의 편에 서서 친일을 했다면 우리나라에서 기독교 선교는 불가능했을 것이다.

그러나 교회가 일제에 저항하고 독립운동의 전면에 서 있었기 때문에 기독교를 믿는 것이 곧 일제에 저항하는 것이 되었다. 이런 이유로 기독교는 제국주의자의 종교가 아니라 오히려 민족 종교의 역할을 할 수 있었다. 이처럼 선교지에서 올바른 역사적 관점과 이해가 너무 중요하다. 선교사가 정치적일 필요는 없다. 그러나 바른 역사관과 정의적 관점으로 세상을 바라보는 총체적 안목이 필요하고 용기와 결단도 필요하다.

셋째, 기후 문제를 더이상 다음 세대에게 떠넘기지 말고 지금, 당장, 바로 기독교 선교의 최우선 순위에 두고 행동해야 한다. 국제사회는 2050년 탄소 중립을 목표로 움직이고 있다. 이 목표를 이루기 위해서는 2030년까지 온실가스 배출을 지금보다 50퍼센트를 줄여야 2050 탄소중립목표를 이룰 수 있다.

각 교회 공동체가 새해 목표를 세울 때 탄소중립목표를 구체적으로 세워 2050년 이후를 살아가야 할 MZ세대에게 희망을 줘야 한다. 교회가 MZ세대와 그들의 자녀 세대를 위해 행동하고 있음을 보여줘야 한다.

기성세대가 지금의 부를 누리는 것은 다음 세대가 사용해야 할 자연 자원을 미리 가져와 사용했기 때문이다. 우리 자녀와 손자 손녀가 사용해야 할 자원까지 당겨와 개발했기 때문에 지금의 부를 누리는 것으로 생각하면 맞다. 이것이 지구 온난화의 원인 중 하나다.

요즘 결혼한 MZ세대에게 왜 아이를 낳지 않느냐고 물으면 자기 자녀를 이 지옥 같은 세상에 집어넣고 싶지 않다고 답을 한다. 이 책임이 MZ세대에 있지 않다. 전적으로 책임이 기성세대에 있음을 인정해야 한다. MZ세대가 노력하지 않아서가 아니다. 노력해도 해결되지 않는 구조를 기성세대가 만들어 놓았기 때문이다.

그렇다면 이제 교회의 선교 방향은 분명하다. 더이상 이 세상을 지옥이 되도록 내버려 두면 안 된다. 여전히 이 땅은 하나님이 통치하고 있음을 보여줘야 한다. 다음 세대가 사용할 자원을 미리 사용한 것에 대한 비용 지급을 해야 한다. 삭개오의 고백처럼 교회 공동체가 소유의 절반을 가난한 자에게 나눠주고, 강제로 빼앗은 것이 있으면 네 배로 갚아주겠다는 마음으로 기후 위기에 대처한다면 MZ세대는 한국 교회를 자랑스럽게 여길 것이다.

 이것이 하나님 나라의 양 날개 선교다. 한 날개는 하나님 나라 신학을 담은 총체적 복음을 전하고 그 모델을 보여 주는 선교다. 다른 한 날개는 세상을 향한 하나님 나라 사상을 담은 문화와 정의를 폭넓게 적용하는 선교다. 이 양 날개 선교가 다음 세대에게 희망과 실제적 삶의 회복을 가져올 수 있기를 소망해 본다.

에필로그

　책을 쓰는 내내 마음이 많이 아리고 미안했다. 다음 세대에 큰 죄를 지었다는 생각 때문이다. 다음 세대를 위한 아무런 배려 없이 그들이 사용해야 할 자원을 그동안 너무 많이 먹고 마셨고 소비하고 개발했다. 그 결과 3년이 넘는 시간 동안 지구 표면 전체에 초대형 KF94 마스크를 씌워 놓았다.

　영국 일간지 <가디언>(The Guardian)은 지구 온난화로 인한 해수면 상승으로 키리바시, 바누아투, 솔로몬제도(諸島) 같은 남태평양 섬나라들은 완전히 사라질 수 있다고 보도했다. 그런데 안타까운 것은 남태평양 섬나라에 관한 관심을 누가 가지고 있을까 하는 것이다. 거기 사는 사람이 아닌 이상 별로 관심을 가지지 않으므로 국제적 논쟁거리가 되지 못하는 게 현실이다.

　2020년 5월 프랑스 파리에서 열린 제7차 생물다양성과학기구(IPBES) 총회에서 채택한「전 지구 생물다양성 및 생태계 서비스 평가에 대한 정책결정자를 위한 요약보고서」에 따르면, 향후 10년 안에 100만여 종의 동물이 지구상에서 영영 자취를 감추게 될 것이다. 지난 1세기 동안 아프리카의 사바나 초원, 남아메리카의 열대 우림 등에서 서식하는 동식물의 20퍼센트가 사라졌다. 그중 절반이 기후 변화로 인한 멸종이다.

이런 현실 앞에서 그리스도인의 길과 선교사의 삶을 생각해 본다. 이삭공동체 안에는 임신한 자매도 있고, 갓 태어난 아이도 있고, 아장아장 걷는 아이와 유치원과 초등학교에 다니는 아이도 있다.

이삭공동체 아이들이 청년이 되는 2040년 이후의 지구가 안녕할지 생각하면 가슴이 답답해진다. 이미 숱한 동식물들이 사라졌고, 지금도 15분마다 한 종이 멸종하고 있다면, 이 책을 쓰기 위해 보낸 2년여 시간 동안 대체 얼마나 많은 생물이 사라졌을까?

태초에 창조하시고 보시기에 참으로 좋았더라고 하셨던 창조 세계가 인간의 탐욕 때문에 계속 파괴되고 있다. 생태계는 서로 유기적으로 연결되어 있으므로 한 종의 멸종은 다른 종의 멸종을 초래하고, 결국 코로나 팬데믹을 자처했고, 또 다른 팬데믹의 위험을 불러일으킬 것이다.

우리가 직면한 혹독한 현실과 다음 세대를 위해 우리가 해야 할 일이 무엇일까?

"온 천하에 다니며 만민에게 복음을 전파"(막 16:15) 해야 한다.

누군가는 이 위기 앞에서 할 일이 고작 복음을 전하는 것이냐고 비판할 수 있다. 그러나 진정한 복음이 무엇인지 알게 되면 달리 생각할 것이다. 복음을 받아야 하는 만민은 사람뿐만이 아니라 사람을 포함한 모든 피조물(all creation)을 의미하기 때문이다.

> 그 바라는 것은 피조물도 썩어짐의 종노릇 한 데서 해방되어 하나님의 자녀들의 영광의 자유에 이르는 것이니라 (롬 8:21).

하나님께서는 그분이 창조하신 사람을 비롯한 세상 모든 피조물에 복음을 전하라고 하셨다.

예수님께서 우리에게 위임하신 복음은 '예수 천당, 불신 지옥'이나 '예수 믿으면 복 받는다'라는 수준의 복음이 아니다.

하나님의 복음은 하나님 나라 그 자체다. 하나님 나라의 통치를 받는다는 것은 이전에 살아왔던 세상 나라의 질서와 가치와 삶을 완전히 버리고, 왜곡되고 깨진 하나님의 형상과 질서를 다시 회복하는 것이다.

다시 말하지만, 모든 피조물이 신음하고 고통받고 있다. 그래서 모든 피조물이 하나님의 자녀가 나타나는 것을 애타게 기다리고 있다. 모든 피조물은 하나님의 자녀로 구성된 회복적 공동체를 애타게 기다리고 있다. 이 회복적 공동체가 교회다.

이 회복적 공동체가 모든 민족에게 하나님 나라의 생태적 삶을 보여 주고 가르치면, 이 복음을 보고 듣고 배운 또 다른 사람도 회복적 공동체를 만들어 생태적 삶을 살게 된다. 이것이 예수님의 지상명령이다. 회복적 공동체를 통해 복음이 증거되는 곳마다 사람뿐만 아니라 신음하고 고통받는 동식물, 미생물계 전체가 다시 회복되는 일이 일어난다. 이것이 부흥이다.

이 책의 프롤로그에서 소개한 영화 <레드 씨 다이빙 리조트>(The red sea diving resort)의 감동적인 대사가 다시 생각난다.

> 이것은 나에게 임무(Mission)가 아니라 삶(Life)이다.

선교(Mission)는 임무(Mission)가 아니라 삶(Life)이다.

선교는 특별한 목적을 이루기 위해 뭔가를 행하는 것이 아니라 평범한 일상의 삶이 예배가 되도록 살아가는 것이다. 미션으로 물었지만, 삶으로 답한 영화 속 인물 '카베데'처럼 한국 교회도 다음 세대를 생각하며 삶으로 답할 수 있기를 바란다.

이제 책을 마무리할 시간이 되었다. 세계관에서 출발하여 공동체로 끝나는 긴 여행 안내서를 쓴 느낌이다.

그러나 공통점이 있다. 세계관도 삶이고 공동체도 삶이다.

20대 민들레공동체에서 출발하여 50대 이삭공동체까지 30년 이상 걸린 긴 여행이지만, 여전히 여정 속에 있다. 어쩌면 이 여행은 끝나지 않을 수도 있다. 여행의 종착지는 이 땅이 아니라 새 하늘과 새 땅이기 때문이다. 그러나 분명 여행을 마치고 기차에서 내릴 수 있는 마지막 종착역이 있다. 도착 시각과 종착역의 이름은 몰라도, 언젠가는 마지막 종착역에서 내려 영원한 안식을 누리게 될 것이다.

이 안식은 새 하늘과 새 땅에서의 새로운 삶이 될 것이다. 그때 우리는 구름 위에 걸터앉아 온종일 하프만 켜고 있지는 않을 것이다.

어쩌면 가끔 풋살도 하고, 기후 위기로 멸종되었던 생명을 다시 복원하고, 온갖 화학 비료와 농약으로 병든 토양 속 미생물을 살리고, 배양하고, 복원하여 태초에 창조하셨던 모든 생명의 다양성을 회복하는 새 창조의 활동을 상상해 본다. 각 민족 특유의 향신료들을 넣어 조리한 100퍼센트 친환경 자연식으로 준비되는 최고의 만찬을 기대해 본다. 이 음식들은 해와 달과 별빛이 아니라 영원히 빛나는 하나님 영광의 빛을 이용한 솔라쿠커로 조리할 수 있을 것이다.

만찬 후 디저트는 친환경 공정 무역으로 생산된 에티오피아 커피를 마신다면 얼마나 좋을까!

지금이나 그때나 요리를 못하니 식사 후 설거지는 내가 주로 할 것이다. 설거지로 생긴 하수는 수생식물과 미생물을 이용한 자연 하수 처리 시설을 통해 다시 마실 수 있는 생명수로 복원될 것이다.

새 하늘과 새 땅에서 일어나는 모든 일은 각자의 은사에 따라 섬김과 나눔의 원칙이 적용되는 하나님 나라 품앗이로 움직여지리라 상상해 본다.

새 하늘과 새 땅에서 온전한 삶을 경험하기 전, 이삭공동체에서 하나님 나라 삶을 제대로 연습해야 민폐가 되지 않을 것 같다. 지친 일상을 잠시 벗어나 '제주도 한 달 살기'를 하는 것처럼, 이 땅에서 '하나님 나라 살기'를 강력히 추천한다. 이 땅에서 천국의 맛을 알게 되면 영원한 하늘 나라 소망이 생기고, 마침내 그곳에서 살게 될 때 어색하지 않고 좀 수월할 것 같다.

하나님의 뜻이 하늘에서 이루어진 것처럼 이 땅 위에서도 이루어지기를 간절히 소망하며, 이제 컴퓨터 자판에서 손을 내려놓는다.

2024년 4월
캄보디아 이삭공동체에서